조윤정 글모음

구시렁구시렁

소소리

구시렁구시렁

조윤정 글모음

1판 1쇄 인쇄/ 2016년 3월 16일
1판 1쇄 발행/ 2016년 3월 21일

지은이 / 조윤정
펴낸이 / 우희정
펴낸곳 / 도서출판 소소리

등록 / 제300-2007-21호
주소 03068 서울 종로구 혜화로35, 302-1호
　　　경주이씨 중앙회빌딩
전화 / 765-5663, 010-4265-5663
e-mail: sosori39@hanmail.net
www.sosori.net

값 12,000 원

*잘못된 책은 바꿔드립니다.

ISBN 979-11-5891-048-8　　03810

구시렁구시렁

조윤정 글모음

소소21

책을 내면서

생각이 가지를 치던 날

얕게 잠들었던 잠자리에서 깨어나 잠시 호흡을 가다듬어 봅니다. 꿈을 꾸었던 것도 같고, 아닌 것도 같은 비몽사몽의 시간들. 숙면을 취하지 못하는 오랜 습관 탓인지 꿈을 꾸면 늘 비슷한 필름을 돌립니다. 세상을 떠난 지인들을 지켜보거나 그이들이 거처하고 있는 폐가 같은 곳을 지나갑니다. 허물어지고 퇴락한 집에서 무심히 앉아 있는 얼굴들을 보면서 '왜 저렇게 살고 있을까?' 궁금해 하기도 합니다.

어느 때는 기차에서 내려 출구를 향해 나가는데 옆으로 지나가는 사람들이 돌아가신 지인들입니다. 앞서서 가는 이가 친척 어른이라 인사를 해야지 쫓아가다가 문득 '저이는 돌아가셨는데?' 생각에 주춤 멈추고 보니 내 발이 맨발입니다. 차에 신을 벗어두고 왔다고 허겁지겁 신발을 찾으러 되돌아가다 잠에서 깨기도 합니다. 꿈 이야기를 듣고 누군가 저승을 피해왔다고 해몽을 하더군요. 죽음은 늘 가까이에 있는 친구 같은 거라서 언제고 찾아오면 맞아야겠지요.

그런데 이즈음에는 '아직은'에 미련을 갖게 됩니다. 아직 아들 둘이 혼처를 찾지 못했고, 구순의 친정어머니가 살아계시니 그분의 장례는 치러야 할 게 아닌가 싶습니다.

짧지 않은 세월을 살아내고 이제는 허둥지둥 서둘러야할 시점이라 호흡을 조절하는 일에 마음을 담습니다. 순간순간 지나쳐 가는 삶의 편린들을 꾸려서 구시렁구시렁 속마음을 묶었습니다. 자신을 향한 독백입니다.

'나 이렇게 살고 있었어.'

심드렁하게 사는 것도 치열하게 사는 것 못지않게 부침에 시달린 다는 거 알아주기를 바라는 거지.

세상잣대에 실린 그 많은 말들.

마이동풍(馬耳東風)을 처방받아 오해, 상처, 기억들 모두 훌훌 털어내고 홀가분한 봄을 기다립니다.

2016년 3월 바람 불어 심드렁한 날에

▷ 차 례
▷ 책을 내면서

1. 수요일의 구시렁

- 13 · — 수요일의 구시렁
- 16 · — 맞장구
- 20 · — 불만시대
- 23 · — 선 물
- 26 · — 아무도 없다
- 30 · — 싸움 구경
- 34 · — 춤추는 눈(雪)
- 38 · — 마음 그릇
- 41 · — 짝
- 45 · — 단순한 나이
- 47 · — 나도 가끔은
- 50 · — 며느리들의 명절
- 54 · — 냉면의 출세
- 56 · — 왜?
- 58 · — 저기요
- 60 · — 복(福)과 벌(罰)

2. 양평 가는 길

이현령비현령 — · 65
기분 값 — · 68
여름이라 뜨겁다 — · 71
고약한 우울증 — · 74
거름 자리 — · 77
파 업 — · 80
행복한 남편? — · 82
젊어서 노세 — · 85
양평 가는 길 — · 88
네 생각 내 생각 — · 92
추운 날 생각 한 자락 — · 94
쓸쓸한 생각 — · 97
동 행 — · 100
사후약방문 — · 104
건망증과 우울증 — · 107
고 장 — · 110

3. 오후를 걷다

- 115 · — 자유?
- 118 · — 할미꽃
- 121 · — 무덤덤
- 123 · — 오후를 걷다
- 126 · — 태국나들이
- 134 · — 몽실이의 히스테리
- 138 · — 세월호의 눈물
- 140 · — 맞춤형 자선
- 144 · — 김 장
- 148 · — 아니면 말고
- 152 · — 제멋에 사는 맛
- 156 · — 집
- 158 · — 그분이 오셨다
- 161 · — 엄마는 대기 중
- 164 · — 얼른 오소
- 167 · — 눈 물

4. 어느 늦은 밤

멍멍이들에게 마법을 — · 173
생긴 대로 — · 176
어느 늦은 밤 — · 179
이웃들 — · 181
인내심 — · 184
나도 약한 여자에요 — · 188
완장의 유세 — · 192
생 일 — · 196
맛의 기억 — · 199
심심한 날 — · 201
이별연습 — · 203
금빙수 — · 206
서글픔 — · 209
칼국수 — · 213
동 심 — · 217
점 빼러가세 — · 220

1.
수요일의 구시렁

푼수처럼 눈치 없이 속을 내보이다 당한 수모와 무안이 어지간히 쌓이고 나니, 이제 겨우 그런 주책을 떨지 않는 요령을 배웠습니다.

  사람들이라는 게 그래요. 본인 위주의 잣대가 앞서니 남의 입장은 뒷전이기 마련이고, 그래서 나도 모르게 누군가에게 주었을 상처가 배로 돌아와 내게 갚음이 되었다고 위로하면서 조금은 초연하게 살고 싶습니다.

수요일의 구시렁

　내가 가입한 어느 카페에 '금요일의 수다'라고 매주 글을 올리는 사람이 있다.
　출판사에 다닌다고도 하고 직접 운영에 관여한다는 것도 같고, 어쨌거나 그이의 글은 말 그대로 수다다. 재미있고, 정이 듬뿍 묻어난다.
　가족사나 카페 회원들 얘기를 조잘조잘 어찌나 잘도 풀어 나가는지 읽다보면 슬며시 웃음도 나고, 공감도 가고, 글을 쓰는 그이와 동화되는 것을 느끼게 된다. 그러니 그이의 필력이 만만치 않음을 알게 된다. 걷기모임에서 한두 번 만났는데 재기가 반짝이는 인상이었다.

카페회원들에게 금요일의 수다는 소통이 되기도 하고 참여의 구실을 준다. 그래서 나는 수요일의 수다, 아니 푸념에 가까운 '구시렁'을 써보자 싶었다.

수요일, 적당히 한가한 주중의 가운데 날이라 마음도 왠지 여유가 있다.

지난 수요일은 개인적으로 마음이 스산한 날이어서 마음먹었던 쓰기를 잊고 있었다.

수술실 앞에서 친정어머니의 수술이 끝나기를 기다리면서 동생과 이런저런 이야기로 심사를 달래고, 아울러 사는 모양새에 대해 고민했었다.

그리고 어제 다시 수요일.

문학 동인 '수필이야기' 서울회원들의 모임이 있었다.

날짜를 착각한 이 선생님께서 불참이셨다. 하루 전날 문우들과 약속을 확인하고 예전처럼 지하철 역 출구에서 만나자 하셨다던데, 선배님은 그 일을 까맣게 잊고 계셨다. 물론 있을 수 있는 일이다.

저마다 집안 어르신 제삿날을 잊고 다른 일을 하러 갔다거나 약속을 착각해 다른 장소로 갔다거나 하는 일들이 비일비재했기 때문에 어제의 해프닝은 '아이고 참!' 웃음으로 끝났다.

그런데 자꾸 슬펐다.

최근 들어 쇠해 보이는 그분의 기력과 건강상의 적신호를 들었기에 '새각시'처럼 고왔던 그분의 모습이 애잔해서 마음 한 구석이 아릿하다. 매사에 적극적이셨는데 유독 지난겨울은 주춤하셨다. 뵌 지도 오래고 전화도 않으신다. 가끔 전화로 당신의 근황을 세세히도 알리시더니….

봄이 오면 전처럼 활짝 웃는 얼굴로 모임에 나오시겠지.

새로 배운 노래의 악보를 복사해서 나눠주시겠지.

일본 아드님에게 들렀다 오시는 길에 사들고 오셔서 나눠주시는 다양한 쓰임새의 갖은 물건들. 오밀조밀한 일본 상품의 매력에 재미까지 더해 주셨는데.

모든 일들이 꿈이었으면 좋겠다.

맞장구

날씨가 '봄이 왔나봐~' 착각을 불러일으킵니다.
그래서 해마다 이른 옷 정리로 낭패를 보곤 했지요.
코트가 무겁고 겨울 바지가 답답하게 느껴지니 얇은 옷자락을 나풀거리다 감기와 친구가 되는 그런 요즘입니다. 외출 길에 반코트를 입었는데도 무게가 느껴져 화사한 옷차림의 여인네들에게 눈길이 가더군요. 아주 고운 핑크빛 모자를 쓰고 나온 여인은 조금 무리다 싶었습니다. 디자인이 어찌나 요란한지 행사장에 앉아 그이 머리만 쳐다보다 왔으니까요.
어제는 긴장이 풀린 듯 봄기운 완연한 거리에서 방황하

고 싶은 욕심으로 안하던 짓을 한, 늦은 귀가를 했던 날입니다. 왜 가끔씩 그렇게 말이 쏟아지는 걸까요.

말이 없던 조신한 처자였는데, 난전 장사치마냥 웃고 떠드는 늙수그레한 여인의 모습. 쌓인 게 많아서, 다 풀지 못한 억울함 때문에…. 소설에나 나올 법한 남들의 기막힌 고생담을 들을 때는 그리 나쁘지 않았던 삶이 다행이다 싶었는데, 기억이 치밀고 올라오면 감당이 안 됩니다.

왜 그렇게 바보였을까. 그때 이렇게 답했더라면 좋았을 걸. 회피하지 말고 피 터지게 싸웠더라면 무기력했던 상황들에 대해 분하지 않을 텐데.

'눈 뜨고 있는데, 코 베가는 세상'도 있다니까 그깟 몇 푼 주어버리지 하거나, 조용히만 살자고 모르쇠로 일관했던 덴덕스런 일들. 언젠가는 결자해지(結者解之)라는 게 있겠지요.

서로 답답한 속을 가장 많이 하소연하는 친구가 "내가 하는 말이 비록 경우에 맞지 않더라도, 끝까지 맞장구 쳐주면서 '그래, 속상하겠다.' 혹은 '그런 것들하고는 상종하지 말라.'고 무조건 편을 들어주는 사람이 참 고맙다"고 했습니다.

말을 하는 사람이나 듣는 사람이나 그 일의 잘잘못은 피차 알고 있기 때문에 굳이 아니라고, 네가 잘못이라고 타박하지 않고 들어주기에 반쯤의 감정이 풀려 일종의 치유가 된다고요. 내가 친구에게 누군가의 흉을 보면 그 친구는 같이 흥분을 하고, 내 편이 되어 아낌없이 위로를 해줍니다. 그렇다고 친구가 오지랖 넓어 아무데다 끼어드는 푼수는 아닙니다.

지극히 냉정하고, 경우가 밝은 착한 사람이지요. 내가 아무리 지청구를 해대면서 도를 지나쳐도 끝까지 들어주면서 화를 다독여줍니다. 스스로 삭이고 반성하게 해주는 고마운 '상담사'입니다.

그 친구에게 배운 대로 나도 친구가 푸념을 하면 맞장구를 열심히 칩니다. 우리는 서로 치유자인 셈이지요. 나이 듦에 그런 친구가 있어서 '참 다행이다.' 여겨집니다.

새삼 친구의 존재가 고마운 건, 그동안 너무 많은 사람들이 나를 가르치려들거나, 너는 이렇게 해야 한다고 지시를 해서 조금씩 파고 든 상처가 아직도 아물지를 않기 때문입니다.

기껏 이러고저러고 얘기를 건네면 야릇한 표정으로 '이상도 해라! 아마도 네가 그만큼의 잘못이 있겠지.' 단정을 짓고는 자신은 얼마나 행복하고 사랑 받는 존재인지를 늘어

놓습니다. 그이들은 완벽해서 실수가 없습니다. 지혜롭기도 해서 내가 고민하는 구질구질한 인간관계 따위는 있을 수 없는 일입니다. 푼수처럼 눈치 없이 속을 내보이다 당한 수모와 무안이 어지간히 쌓이고 나니, 이제 겨우 그런 주책을 떨지 않는 요령을 배웠습니다.

사람들이라는 게 그래요. 본인 위주의 잣대가 앞서니 남의 입장은 뒷전이기 마련이고, 그래서 나도 모르게 누군가에게 주었을 상처가 배로 돌아와 내게 갚음이 되었다고 위로하면서 조금은 초연하게 살고 싶습니다.

병원에서는 혈압이 오를 나이가 되었답니다. 가만히 있어도 오르는 혈압. 굳이 혈압 올리지 말고 실실 웃으면서 늘그막을 즐겨야할 것 같습니다.

불만시대

지하철 안이 시끄럽다.

술에 취한 남정네가 버럭버럭 소리를 지르며 횡설수설이다. 사회에 불만이 많은 게다. 육두문자로 대통령도 욕하고, 언론도 욕하고, 치고 박느라 바쁘다. 그 소리를 참아야 하는 사람들의 표정이 잔뜩 찌푸려졌는데 누구 하나 제지하는 사람이 없다. 하긴 그런 사람 건드려 보았자 시비가 붙을 테니 '×이 무서워서 피하나 더러워서 피하지'.

서너 정거장이 지나도록 소란을 멈추지 않아 '귀신은 뭐 하나! 저런 인간 잡아가지 않고' 하고 싶은데, 누군가 신고를 했는지 역무원들이 '그분'을 잡으러 왔다. 용케도 '조용히 하겠다.'며 순순히 항복하나 싶더니 역시나 '××'을 외치며 다른 객실로 몸을 피했다.

오랜 세월을 이마에 뻘건 띠부터 두르고 주먹을 휘두르는 꼴들을 보아서 그런지 잘잘못을 떠나 목청 높이고 '지랄' 하는 것들은 상종하기가 싫다. 이합집산, 표리부동, 안면몰수, 토사구팽… 등등.

치사한 짓들은 골라서 하면서 텔레비전에 나와 눈 내리깔고 양심 운운하거나 도덕성이 어쩌고저쩌고 하는 걸 보면 욕지기가 치밀어 자손 삼대를 두고 정치하는 것들하고는 상종하지 말라는 유언을 남기고 싶어진다.

한복이나 입지말지, 한복 입고 공중 부양하는 꼴이라니….

제대로 제 할 일 다 한 높으신 분이 역사에 없는 불행한 국민이라 늘 혹시나 했다가 역시나가 되기에 불만도 많고 화도 나겠지만 기껏 하는 짓이라는 게 서민들 속이고 등치는 골빈 인간들뿐이다. 요즘은 여권신장 했노라고 큰소리치던 여인네들도 한몫 하더라만.

지하철에서 '술 취한 놈이 진리를 말한다.'며 '다 들으라.'고 악을 써대던 '그분'은 어디에 사는 뉘신지….

그런 분들 국회로 보내면 정의감에 불타 부르짖으며 애

타하던 '불쌍하고 못 사는 서민들' 위해 잘 싸워주실까?

어제 「추노」라는 드라마가 끝났다.
남자 배우들의 이른바 초콜릿 복근으로 유명해진 오락성 드라마였는데 다른 사연은 모르겠고, 역시나 위정자들의 추악하고 지저분한 이중성이 여실히 보였다. 배운 것들의 교만과 교활함. 못 배운 약자들의 박탈감을 부추겨 그마저 이용하는 잘난 것들의 이중성이 오늘이나 옛날이나 별 다를 게 없다.
그분이나 그놈이나 다를 게 하나 없는 세상이다 싶으니 어제 그분은 할 말 다했으니 속은 시원하겠다.

선 물

뱃살아 제발 떠나가라~~정화수 앞에 놓고 비는 마음보다 더 열심히 빌며 걸었다. 아침부터 아주머니들이 단체로 행진이다. 나 홀로 걷는 걸음에 방해가 되는 수다 부대다.

좌우를 다 차지하고 병풍으로 펼쳐져 걷는 아주머님들. 입들도 열심히 운동 중이다. 때는 바야흐로 선물의 계절. 앞에서 들리는 수다도 선물에 대한 저마다의 호불호(好不好)이다.

60대 초반의 무리니 아마도 며느리, 사위들을 둔 사람들이다. 이 무리에서는 며느리 타도가 대세다.

한 아주머니가 "선물은 며느리가 사 주는 것 같이 생색인데 돈은 아들이 내더라고!"

　단체로 공감의 웃음소리가 들린다.

　이 무슨 해괴한 논리일까. 며느리가 생색을 내는 모양새가 마뜩찮아 거슬린다는 얘기인데 그럼 며느리는 돈을 벌어 선물을 사야한다는 걸까. 나는 결혼 이후로 돈을 벌어보지 못했다.

　집안에서 죽어라 쓸고 닦고, 아이들 키우느라 자신을 위한 투자도 해보지 못했다. 해마다 명절, 생일, 경조사 등 모든 행사에 남편이 벌어온 돈이 쓰여졌다.

　시부모, 시동생들에게도 아들, 형이 벌어온 돈이 선물의 이름으로 전해졌다. 용돈도 내 손에서 전해졌으니 결국은 내 모양새도 제가 번 돈도 아니면서 생색을 내는 얌체였겠다. 그러고 보니 시어머니는 명절 밑에 인사로 전해드리는 봉투를 아들이 주기를 바라셨다. 내게서 받으려니 미안하고 자존심이 상한다고 하셨는데 그때는 '별나기도 하셔라' 기분이 나빴다. 이제 내가 머지않아 며느리라는 존재를 마주해야 할 때가 가까워지고 보니 시어머니의 자존심이 이해가 된다. 며느리는 멀고도 가까운 자리에서 나와 같은 곳을 바라보면서 경.중의 무게를 가늠할 것이다.

며느리였으면서 시어머니이기도 한 저 말 많은 여인들. 당신들도 남편이 벌어다 준 돈으로 그 부모를 공양했을 텐데 내 아들이 번 돈을 쓰는 며느리가 미운 심보는 시어머니 심술일까.

5월에는 며느리들이 괴롭다. 돈을 버는 며느리들은 덜 괴로울까?

요즘 조부, 조모는 어린이날도 무섭다고 하던데, '주지도 받지도 말자'던 선거 표어를 5월의 표어로 삼으면 안 될까? 오늘 공원에는 봉사 나온 아빠들이 업고 안고, 뛰고 달리고 제 새끼들을 위해 전력투구하고 있었다.

내 아들도 언젠가는 저렇게 허겁지겁 움직이면서 행복이다 웃을 게다.

불쌍한 내 새끼들.

아무도 없다

 행복을 느끼는 시간대가 나이 별로 차이가 있다는 설문 조사가 나왔다.
 가장을 포함한 자녀들, '기타' 가족들은 저녁에 집에 돌아간 이후가 행복하다고 하고 주부들은 가족들이 모두 나간 낮 시간에 행복을 느낀다고 한다. 특히 4~50대 주부들이 그렇다고 대답한 지수가 높았다.
 나 역시 가족들이 저마다 부산을 떨고 나간 후의 적막감이 평화스럽다. 조여진 매듭이 풀린 듯, 나른한 해방감이 몰려오기도 하고 느긋한 기분으로 차 한 잔을 음미하기도 한다.

아이들이 어릴 때는 모두 잠 재워 놓고 난 후가 가장 좋았다. 하루 종일 중노동에 시달리다 놓여 난 듯한 해방감도 있어서, 아이들 옆에 가만히 누워 있으면 더 바랄 게 없을 것 같은 안식이 느껴졌다.

주부들이 혼자일 때 행복하다는 건 틀에서 놓여나기 때문일 것이다. 가족들을 위해 식사 수발을 들고, 무언가 부족하지 않을까 염려증으로 조바심 내는 어미이고 아내인 자리가 본인도 모르게 구속을 주고 있어 놓여나는 순간에 해방감을 느끼는 게 아닐까.

유난히 '안 사람의 외출'을 싫어하는 '가풍'을 착실히 지키는 남편을 만나 살면서 늘 가슴 속이 답답했다.

친정아버지도 만만치 않은 보수였지만, 해 떨어지면 못 나간다는 억압은 하지 않으셨다.

타당한 이유로 여행도 허락하셨고, 친구들하고 몰려다니기도 '그 나이의 특권이다'며 이해해 주셨다. 그래서 여자가 저녁 시간에 나가는 일이 '사건'인 시가에서 적응하는 일은 넘어야 할 첫 번째 언덕이었다.

마흔이 넘도록 자유롭게 친구를 만나거나 영화를 보는 등의 이유로 저녁 시간에 외출을 하는 여자들이 가장 부러웠다.

저 여자들은 도대체 어떻게 살기에 밤늦도록 나다닐 수 있는 걸까? 의아스러워서 "남편이 뭐라고 안 해요?" 하는 질문을 하면 눈을 동그랗게 뜨고 "왜? 여자는 약속도 없고 친구도 없나요?" 반문을 했다.

참 팔자 좋은 여자구나 싶어서 나도 다음 생에는 저렇게 마음대로 살아보거나 남자로 태어나 제멋대로 나돌아 다녀보고 싶다는 생각으로 우울한 여편네로 살았다. 미친다는 게 별 게 아니라는 거 그때 알았다.

그나마 아이들이 제 앞가림 시작하면서 시간에 여유가 생기고 미치기 일보직전에 만난 글쓰기가 숨통을 틔워주더니, '여자 나이 마흔을 넘으면 배짱이 는다'는 말처럼 부당한 족쇄에 화를 내게 되고, 변하는 세상사 공부를 했는지 남편의 '안돼'가 힘을 잃었다.

마흔세 살에 겨우 나 홀로 여행을 갔었다.

가족들이 배제된 혼자만의 자유, 열흘간의 나홀로를 만끽하면서 살다보니 이런 날도 있구나 눈물이 났다.

너무 아름다운 자연과 생소한 풍경들, 즐기는 사람들을 바라보면서 그이들에게는 예사로운 이 여행이 나에게는 왜 그리 어려웠을까 곱씹었다. 무기력하고 바보 같았던 삶이 약 오르고 허탈했다.

다행히 나에게는 딸이 없다. 나는 딸이 없어서 섭섭하겠다는 말에 코웃음을 친다. 이 집 가풍에 딸을 키우려면 오죽 시달리고 마음 고생해야 했을까. 조물주께서 내게 특혜를 주신 거다.

아들들이라 귀가시간이 늦거나 말거나 걱정 덜고, 돌아다니기 선수인 녀석들에게 잔소리 않고 사니 그나마 심신이 편하다.

작은녀석이 낚시를 간다며 배낭을 메고 나서는데, 남편이 용돈 있냐고 묻는다.

딸이었으면…?

'이눔의 지지배! 어디를 간다고?' 호통소리가 귀에 들리는 것 같다.

지금 - 아무도 읍따! 행복하다.

싸움 구경

장맛비가 오락가락, 이럴 때는 마음도 변덕스럽다.
불쾌지수 슬슬 올라가는데 누가 건드리면 바로 폭발이다.
더운 여름날, '쌈질' 하는 사람들 보면 즐기는 게 아닌가 의심이 간다.
왜?
단순하고 멍청해서다. 내용도 없고, 핏대 올리며 잘잘못을 따지는 서슬이 유치해서 한심하다.
며칠 전 시간 상 지하철이 조금 복잡했다.
퇴근시간이라 그런지 한 번 앉은 엉덩이들은 단체로 눈 감고 피로회복 중이고, 노약자석은 이미 만원사례.

이상하게 '앉고 싶으신 연령대'가 무척 많아서 자리 양보 않는 젊은 아이들이 야박하구나 싶었다.

자리를 향한 달음박질이 추하다 여기는 '잘난 이 몸'이므로 출입구 쪽에서 '다소곳이' 서서 가는데 어느 역에선가 키가 큰 아주머니 한 분이 두리번거리며 들어섰다. 꺽다리 소리 듣겠구나 싶게 다른 사람보다 머리가 하나 더 올라가 있었다. 그래서 더 건강해 보였다.

그분께서는 계속 자리를 찾으시느라 전동차 안을 매서운 눈초리로 훑었고, 마침 대각선 출입구 쪽에서 승객이 일어서고 자리가 비었다.

누가 보아도 그 자리는 오랫동안 그 앞에 서서 가던 과체중 아주머니의 자리였다. 순간 꺽다리가 빛의 속도로 내달려 자리를 새치기했다. 굼뜨게 몸을 움직이던 과체중 아주머니는 황당한 표정이었고, 지켜보던 주위의 사람들도 꺽다리의 얌체 짓에 얄밉다는 표정을 지었다.

내가 힘이 세다면 멱살을 잡아 일으켜 세우고 자리를 뺏긴 황당녀를 앉혀드리고 싶었다.

잠시 주춤하던 아주머니가 꺽다리를 노려보았고, 혼잣말로 "미친×" 그랬다.

'미친×'은 아니지만 욕 들어먹기 좋은 행동이어서 나도 그 표현에 공감했다. 은근히 약 오르는 상황 아닌가?
　꺽다리가 움찔하더니 "지금 나보고 하는 소리야?" 소리를 질렀다. 이왕 붙은 거 - 점점 화가 치미는지 황당녀가 "그래! 얌체도 유분수지! 저쪽에서 달려와 앉는 년이 어딨어! 다른 사람은 다리가 안 아픈가?"
　"니 자리라고 써 놓았냐? 그리고 년이라니!! 무식한 년!"
　순간 '년' 소리가 전동차 안에서 춤을 추며 날아다녔다.
　복잡하고 짜증나고, 사람들의 인상이 찌푸려지는데 두 사람의 소동은 끝이 나질 않았다. 보다 못한 어느 남정네가 타일렀다.
　"아! 그만하쇼! 애들도 아니고…. 그리고 앉으신 아주머니 그러는 게 아닙니다. 아무리 대중교통이지만 질서는 지켜야지요."
　"뭐야? 내가 뭘 어쨌는데. 다리가 아파서 좀 앉았기로서니. 아! 임자가 따로 있냐고!!"
　"그러게 너만 아프냐고~~!!"
　"이 여편네가 나잇값 더럽게 못하네!"

셋이 싸우기 시작했다. 누군가 신고해서 역무원이 정차하는 역에서 올라왔다. 셋이 역무원을 따라서 우르르 내렸다. 아마 그이들은 시시비비를 하느라 또 '쌈질'을 했을 것이다.

구경을 마친 사람들은 다시 눈을 감거나, 동행과 '소감'을 수군거렸다.

킥킥 웃기도 하고 오늘 '못된 버릇 임자 만난' 꺽다리를 고소해 했다. 나도 후다닥 자리를 향해 뛰던 그 여자의 천박함에 눈을 흘겼기에, 제 깐에는 봉변이다 싶어 다음부터는 조심하겠지 고소했다.

꺽다리가 앉으면서 '미안 합니다' 한마디만 했어도 덜 얄미웠을 테고, 서 있던 그이도 욕이 입 밖으로 나오지는 않았을 것이다. 그깟 길어야 한 시간 거리를 서서 간들 다리가 부러지지는 않을 것이고, 조금 서서 가다보면 자리는 나게 마련인데 그 잠깐의 불편을 참지 못하는 조급증이 서로 낯 붉어지는 '쌈질'을 일으켰으니 여름은 싸우고 싶은 계절인 게다.

춤추는 눈(雪)

 느닷없이 '가자'고 해서 '그러지요' 하고 짐을 꾸렸다.
 3박 4일 동안 해주는 밥을 먹으며 유유자적하리라.
 서울이 꽁꽁 얼었으니 북해도쪽은 오죽할까 걱정이었지만 첫 관문 치토세공항에는 하얀 설경이 객을 반길 뿐 찬 기운은 없었다.
 오히려 서울이 더 추웠다.
 처음 장소 노보리벳츠가 자랑하는 11가지 종류의 온천탕에서 구질구질하고 개운치 않았던 이런저런 잡념들을 씻어내느라 가이드가 추천한 3번의 온천욕을 충실히 이행했다.
 도착해서 1번, 자기 전에 1번, 새벽에 일어나자마자 1번.

그렇게 3번을 하면 여독이 풀린다나 뭐라나….

그래서일까, 머리도 맑고 버스로 이동 중에 지긋지긋한 멀미도 없었다.

일본 최고의 온천이라고 가이드가 침을 튀겼다. 일본 여행은 화산위주로 이동을 해서 거의가 비슷하다 싶은데 휴화산이나 사화산이 아니라 살아있어 꿈틀대는 모습을 직접 보니 언제고 재앙일 수도 있는 자연을 활용하는 지혜가 부러웠다.

땅 속에서 솟구치며 끓어오르는 물을 보던 어느 꼬마의 한 마디.

"와! 계란 삶아 먹으면 좋겠다!"

이심전심? 모두 '맞아!' 하면서 웃었다.

그저 그런 일정을 열심히 따라 다니면서 면세점도 들르고, 먹어보지 않으면 후회한다는 아이스크림도 사먹고, 너무 많아서 눈이 어지러웠던 오르골 전시장에서는 비싼 가격에 입만 벌렸다.

환율이 올라서 머릿속으로 바삐 계산을 해보면 도저히 구매할 엄두가 나지 않는다.

내가 좋아하는 비누, 세균번식이 없다는 숯 도마, 마유(馬

油) 제품 몇 가지로 쇼핑의 즐거움을 마무리 했다.

 '키타이치 가라스'라는 공예품 거리에서 시식을 했던 다크 초콜릿의 맛이 유별났는데 오는 길에 산다는 걸 깜빡 잊었다. 동전을 소비하느라 작은 과자 한 통을 사고 버스에 와서야 아차 아쉬웠다.

 계획에 없던 여행이라 세심하게 살피지 않은 내 탓이지만 여행사의 상술에 휘둘린 여행이라면 지나칠까. 처음 가고자 했던 여행지는 굳이 가겠다면 다른 날짜로 가라거니, 그쪽보다는 이쪽으로 가는 게 좋을 거라며 등 떠밀어 몰아보내면서 여행비는 착실히 올려 받았다.

 일정은 말이 3박 4일이지 3박 3일이라고 해야 한다.

 4일 째 아침에 6시 30분에 밥 먹여서 9시 비행기를 태워 보냈으니 그걸 일정이라고 하는 비양심이 놀랍다.

 어쨌든 내가 모자라서 원치 않았던 장소로 옮겨가긴 했지만 언제고 가보자 했던 곳이었고, 예상과 달리 춥지 않아 다행이었다.

 그곳의 눈은 파우더 같이 수분이 적고 가벼워서 바람 따라 춤을 추며 날리는 풍경은 환상적이다. 한밤중 객실에서 내려다보니 건너편 지붕 위의 눈들이 바람을 따라 분수같이 위로 치솟으며 춤을 췄다. 나뭇가지마다 켜켜이 앉은 눈더미는 서울이라면 가지가 뚝뚝 부러졌을 텐데 파우더 형이라 가능하단다.

사연이야 어떻든 여행은 호기심과 충동으로 술렁이고 마음은 구름 위를 걷는다. 오랜만의 여행이고 일정이 짧아서 아쉬움이 남았는지 아직 몽롱하다.

마음 그릇

일본 지진 피해 현장에서 가족을 잃고 헤매는 열 살 남짓한 소년의 손에 물병이 들려있는 사진이 신문에 실렸다.

사진 설명을 '본능적으로 물을 챙긴'이라고 표현했다. 물 한 모금이 절실한 그곳에서 소년의 손에 쥐어진 물병은 '생의 애착'이라는 뉘앙스가 풍겼다.

반면 다른 사진은 자식을 잃고 허물어져 내린 부모의 망연자실한 모습이었다. 자식을 잃고 삶의 의미마저 잃은 부모의 모습과 물을 챙겨든 소년의 모습.

소년은 악착같이 살아서 가족을 찾고 싶은 목적이 생긴 것이고 눈앞에서 자식을 잃은 부모는 살아야겠다는 의지조차 내려놓은 것일 것이다.

  우리 보통 사람들도 자식의 일이라면 맹목적으로 달려들어 모든 불합리와 폭력에서 방패가 되려고 한다. 그게 당연한 거라고 마음으로 배웠다. 그래서 부모에게 소홀하면서도 내 새끼만은 끔찍하게 여기는 이기적인 태도가 잘못인 줄을 잊고 사는지도 모른다.

  작품들 속에서도 대부분의 추억은 아버지가, 어머니가 주셨던 베풂에 대한 그리움이다.

  '어려울 때 이렇게 도와주셨는데, 아플 때 지켜주셨는데….'

  받은 것에 대한 아쉬움, 고마움, 그리움이다.

  최근에 어디선가 읽은 글에 4대가 저마다의 자식사랑을 표현한 게 재미있어서 혼자 웃었다.

  글쓴이의 딸이 산후조리를 하러 친정에 와 있는데, 미역국 한 수저라도 더 먹일라치면 갓난아이가 용케도 울음소리를 내고 그 소리에 딸은 수저를 팽개치고 쪼르르 달려간단다.

  그 모습에 친정어머니는 '네가 잘 먹어야 젖이 잘 돈다'

며 안타까워하고 외할머니는 '얼른 추슬러야지. 네 어미 몸 상한다.' 푸념이란다.

딸은 지극정성으로 보살피는 어머니보다 갓난아이가 먼저이고, 외할머니는 당신의 딸이 피곤한 게 안타깝다.

나이가 들어도 자식 걱정인 부모와 쇠잔해진 부모가 무게로 느껴지는 자식의 입장. 별다른 열쇠는 없는 것 같다.

내가 내 자식에게 전전긍긍한 심정의 반쯤은 부모에게 돌려야 하는 게 최소한의 양심이 될는지. '철들자 망령'이라더니 내 자신 늘그막이라 칭해지는 요즘, 부쩍 자리에 누운 어르신들이 다시 보아진다.

당신들의 삶도 주기만 하고 받지 못한 가엾은 부모들이시구나….

짝

살아가는 모양새를 갖추는 조건에 필수로 적용되는 짝.

내가 기억하는 처음의 짝은 초등학교에 입학한 첫날 지어진 짝이다. 키대로 줄을 지어 교실로 들어가 성별로 한 줄씩 차례로 앉으면 여자아이와 남자아이가 짝이 지어졌다. 키가 큰 편이어서 맨 뒷줄에 앉은 나와 내 짝은 선생님이 시키는 대로 악수를 하고, 이름을 말하고 싱겁게 웃었다. 지금은 그 아이의 이름도 얼굴도 기억이 나지 않지만 짝으로 인해 괴로웠던 기억이 없으니 처음 만난 짝은 괜찮은 편이었나 보다. 다른 친구들은 책상에 그어 놓은 경계선으로 옥신각신했고, 남자 짝이 괴롭힌다고 울던 아이도 여럿

이었다. 내 짝은 키가 큰 값을 하느라 점잖은 편이었을까 싶기도 하다.

그 후로 줄곧 만나고 헤어졌던 짝들. 수많은 짝들 중에 배우자도 있지만 친구로서의 짝은 어려운 상대인 것 같다. 어느 정도의 윤리관과 도덕심, 정의감, 반듯한 사고의 소유를 지닌 취향이 같은 사람. 그런 사람을 친구로 두고 있다면 사는 일이 조금은 행복하지 않을까.

남편의 지인들과 가끔 자리를 같이 하면 희한하게 참 잘도 맞춘 짝들이라는 생각으로 웃음이 난다. 환갑진갑 다 지난 나이들이라 다소 편해 보이고 아내들이 실세라는 느낌이 강했는데, 이런저런 얘기 끝에 속마음을 들어보면 대부분 아내들이 어지간히 속을 끓이고 살아왔다는 하소연이다. 젊은 날 강압적이고 독선적이었다는 이, 급한 성질로 무조건 다그치고 윽박질러서 아내를 힘들게 했다는 독불장군. 세월에 다듬어진 그이들이 지금은 슬쩍 건네는 아내의 말에 이내 순응을 하면서 시키는 대로 움직이는 모양새를 보인다.

그렇게 되기까지 아내들이 삼켰을 울음이 얼마나 되는지 알 바 아닌 남정네들. 그이들은 부부동반으로 놀러 다니는 지금이 행복할 뿐이다.

우리 나이는 보통 결혼한 지 35년 이상 된 세대들이다.

'참는 게 미덕'이라는 교육을 받은 사람들이다. 여자라서 참는 게 더 많아야 했던 세대이기에 이혼이라는 돌파구를 차마 선택할 수 없었다.

남자도 참았다고 하겠지만 사회적 약자인 여자 입장이 더 많이 참고 감내하면서 지켜 온 가정이기에 나이 들어 철들기 시작한 남자들의 목소리가 누그러지고 아내들의 목소리가 높아지기 시작한 게 아닐지.

새삼 주변의 짝들을 관찰하게 된 건 우연히 본 텔레비전 프로그램 때문이다.

'짝'이라는 타이틀로 여러 회 방송 됐는데 젊은 아이들의 짝 찾기라 '뭐하는 짓들인가?' 하는 마뜩찮은 생각에 아예 볼 생각도 않던 프로였다. 그런데 이번에는 특이하게 '돌싱, 돌아온 싱글이라는 이름으로 이혼 남녀들의 '새 짝'을 찾는다는 기획이었다.

출연자들이 거의 2~3달 만에 이혼, 심지어 6년이나 연애를 했던 이가 3개월 만에 이혼을 한 경우도 있었다. 방송을 나오게 된 이유가 분명히 얻거나 잃을 게 있겠지만,

얻는 쪽으로 희망을 두었다는 심경, 3개월 만에 이혼을 했는데 10년이 지난 지금까지 족쇄로 남아있다는 아픈 고백에 가슴이 아팠다. 여자들의 경우에 더 상처가 클 거다 짐작했는데 남자들의 쓰린 상처도 그에 못지않았다. 한 사람씩 저마다의 고백이 절절해서 저 사람들이 정말 좋은 인연을 만나 잘 살아주면 좋겠다는 생각이 들었다. 잘못 만난 '짝'으로 인해 인생이 뿌리 뽑힌 것 같았다는 '싱글맘'의 눈물이 긴 잔상으로 남았다.

남의 불행은 역으로 나의 행복이라던데 그 고약한 비유를 해보니 나는 지금껏 '짝'을 잘 만났나 보다. '다혈질 무리' 중에 그래도 매너는 조금 나은 나의 배우자, 취향이 같은 오랜 친구, 진득한 정으로 걸음을 맞추는 문우들. 다행히 위로가 되는 짝들이 주위에 있다.

위로를 뒤로 이제 아이들에게는 고르기 힘들고, 알기는 더 어려운 짝을 찾아야 하는 숙제가 주어졌다. 더도 말고, 덜도 말고 '제 눈에 안경' 같은 짝을 만났으면 좋겠다.

단순한 나이

복잡한 것이 싫어졌다.
식사준비도 아주 간단하게, 영화는 그냥 웃기는 걸로.
기계 만지기는 남에게 맡긴다.
유행하는 스마트폰도 반갑지 않다.
글도 말 많은 사람의 글은 읽기가 싫다.
뭐 그렇게 아는 게 많은지. 가르치느라 안간힘을 쓰는 게 보여 불편해진다.
요즘은 성자시리즈(우화집) 읽기에 재미 들였다.
어른들에게 필요한 동화.
거칠어진 심성을 다듬어 준다. 구절구절 마음에 화살이

꽂힌다. 사는 게 별거 아니라는 냉소가 교만이고 시건방이라는 걸 깨우쳐 준다.

 이 나이되도록 늘 최선을 다하지 않았다는 반성문을 100장쯤은 써야할 것 같다. 단순하다는 게 상대적일 때는 피곤하기도 하고, 무식한 것도 같고. 얼마만큼 단순한 게 민폐 없는 상식선인 걸까.

나도 가끔은

　곰곰 생각해 보니 태어나 이제껏 혼자가 아니었다.
　부모, 형제와 한 지붕 아래서 실타래 엮고, 결혼을 해서는 남편과 지지고 볶으며 아이들을 키웠다. 이제껏 미혼인 아들 둘을 옆구리에 끼고 있으니 60년이 넘도록 혼자라는 시간은 없었다. 늘 무언가에 쫓기고 서둘러야 하고, 나와는 상관없는 일들과 인간관계로 인해 괴롭거나 성가셔야 했다. 어쩌다 한 번 여행을 가도 발목에 근심 걱정이 줄레줄레 따라 다녔다.
　심지어 나이 든 강아지도 내 걱정에 수(數)를 더 했다.
　언젠가 텔레비전 드라마에서 며느리, 엄마, 아내, 시어머니 자리가 지긋지긋해진 여인네가 독립과 자유를 선언하고 이사를 나갔다. 1년의 유예기간이었지만 드라마이기에 가능한 '탈출'을 감행한 그 여인의 환희에 찬 표정이 절실하게 와 닿았다.

역시나 남정네들은 그 장면에 분을 삭이지 못하고 거품을 물었다.

내가 아는 교양이 넘치던 분도 '있을 수 없는 이기적인 못된 행실'이고 막장 드라마라며 폄하를 했다. 며느리가 감히, 엄마가 어떻게, 남편은 어쩌라고…. 모두 제각각의 불편을 이유로 자유부인을 비난했다.

자유부인은 실컷 늦잠 자고, 일어나고 싶을 때 일어나서 먹고 싶은 음식을 먹고, 시도 때도 없이 멈춰져야 했던 '엄마의 시간'을 만끽했다. 책 한 페이지를 읽고 싶어도 하루 세 끼를 대령해야 하는 시부에 맞춰야 하고, 자기네 필요한 대로 엄마를 찾는 자식들에게 내주어야 했던 시간, 구속이 없는 시간을 누리던 그녀의 표정이 잊히지 않는다.

새삼 나도 독립이 하고 싶다는 생각이 든다.

정말 오피스텔 하나 얻어 아무도 만나지 않고, 인간관계 덮어버리고 혼자라는 걸 즐겨보고 싶다. 하루 종일 아무것도 하지 않고 뒹굴거나, 훌쩍 길을 떠나 돌아오고 싶을 때까지 헤매고 다녔으면 좋겠다.
 '혼자는 외로워서 둘'이라는 말랑한 표현은 이제 징그럽다.
 가끔은 혼자이고 싶다.
 내 성을 쌓아 주인이고 싶다.

며느리들의 명절

대한민국 며느리들이 화병에 시달린다는 명절이 코앞입니다.

왜 며느리들에게는 힘들고 지겨운 명절일까요.

너도 나도 자리를 바꿔 생각하면 다 누군가의 귀한 따님, 정 넘치는 친정어머니이며 장모이기도 하건만, 유독 며느리라는 위치는 다스려져야 하는 을(乙)의 신분이 될까요.

가끔 인터넷에서 여자들의 수다카페를 들여다보면 '시(媤)'자 붙은 사람들은 죄~다 인성도 고약하고 염치는 상실되었으며 무식한 인간 말종들입니다. 이순이 지난 이 나이에도 '媤'자가 주는 부담감은 막중하지만 그건 스스로의 문제이지 누가 억지로 지게 한 짐은 아닙니다. 지혜롭게 처신하면 큰 문제가 될 일도 아니거니와 시간이 흐르면 순리대로 해결되는 인간사 한 단면이지요.

그런데 며느리를 쳐다보는 시선은 곱지가 않다는 게 중론입니다.

아들의 등골을 빼먹는 고약한 계집이고, 내가 잘 키운 아들 덕에 호의호식하는 팔자 늘어진 남의 집 딸년. 드물게 인성이 후덕한 '시(媤)' 어르신들도 있다고는 하지만 거의 대부분 이해할 수 없는 시기와 질투에 눈이 멀게 되는 게 시어머니라고 하네요. 아직 며느리를 들이지 않아 모르겠지만 조만간 나도 고약한 시어머니 대열에 줄을 서서 '며느리'가 어쩌고 저쩌고 입을 열게 되겠지요. 그래서 기도 중에 빠지지 않는 말이 '열린 눈을 주시고 이로운 말을 담게 해주십시오.'입니다.

무수히 다짐하는 각오는 내가 당한, 그래서 '싫고 분했던 짓만은 하지 말자!'입니다. 이런 말을 들었을 때 황당했고, 저런 말을 들었을 때는 다 놓고도 싶었던 그 어처구니없던 시시비의 사건들. 그 비슷한 이야기도 입에 올리지 말자, 그러면 갈등 하나는 덜어질 거라고 다짐합니다.

특히 명절 밑이면 어김없이 증후군이라는 게 찾아와 식욕도 없고 우울증으로 괴로웠는데, 예민하고 사람에 서툰 내 성격 탓이었지 별나게 고약하게 구는 사람이 있는 것도 아니었습니다. 다만 할 줄 모르는 일이 산더미로 대기하고 있어서 노예인지 파출부인지 구별이 안 가는 울화가 다스려지지 않아 괴로웠습니다. 며느리는 먹지 않아도 배 안 고프며 쉴 새 없이 일해도 피곤하지 않은 로봇으로 여기는 그 시절의 인식이 더해져 온갖 일에 내몰리는 명절 준비가 지긋지긋한 건 당연한 게 아니었을까 싶습니다.

'수다방'에 올라오는 사연들도 대부분 '일이 지겹다'입니다. 하루 종일 일을 해도 당연시 하고 도와주지 않는 남편들과 시누이들.

친정에 와서 귀빈 대접 받는 시누이들에 밀려 울화가 치미는 며느리들을 조금만 배려하고 이해해 준다면 며느리들의 지겨운 명절 스트레스는 덜어질 텐데 '媤' 자가 붙으면 뇌의 작동이 멈춰지는 걸까요.

얼마 전에 이제는 같이 늙어가는 형수를 앞에 두고 시동생이라는 위인이 조카며느리를 보고 "너희들, 여행가거나 일이 생기면 아이는 여기 큰 할머니한테 맡겨라!" 하더군요. 기가 막히고 코가 막혀서 참 할 말이 없었습니다.

눈에 차는 짓이나 했어야지. "친손자도 볼까 말까인데 내가 왜 한 치 건너 손자를? 절대사절이네요!"

조카며느리에게는 미안했지만 안 그래도 보고 싶지 않은 얼굴 참고 있는데 재롱을 떠는구나 싶었습니다. 그렇게 '媤'자의 위세는 아직도 진행 중이더군요.

참 시거든 떫지나 말라고 했건만, 그래서 명절은 '媤'들의 축제일 뿐입니다.

냉면의 출세

 부모님이 이북에서 내려오신 분들이라 어릴 때부터 냉면과 가깝게 지냈다.

 겨울이면 오장동에 가서 냉면을 관으로(1관=약 3.75kg) 눌러 와, 김장독에서 김치 국물을 퍼다 약간의 간(설탕, 식초, 깨소금…)을 해서 시원하게 말아 먹으면 그 냄새에 자다가도 일어나 한 그릇을 비웠다.

 특히 친정아버지는 거나하게 취해 귀가를 하시면 늦은 시간에도 냉면을 찾으셨다. 그 바람에 자던 식구들이 일어나 한밤중에 냉면 잔치를 벌였으니 우리 식구들의 냉면 중독은 당연한 것인지도 모른다. 중·고등학교를 다닐 때도 친구들과 냉면집을 드나들었고, 지금도 친정 동생을 만나면 으레 냉면을 먹으러 간다.

두어 해 전부터 냉면 값이 너무 비싸다는 여론이 있었는데 먹으면서 정말 비싸다는 생각을 했다. 성인남자들은 사리를 추가해야 양이 맞을 것 같고 달랑 한 접시 내놓는 절임무채는 성의라고는 없어 보인다.

한 그릇에 만 원 정도를 받으면서 갖은 반찬이 제공되는 한식에 비하면 양심 없는 가격이 아닐까 싶다.

평양식 냉면으로 유명한 집에서는 만 이천 원까지 받는 것을 보았다. 지나친 폭리라는 신문기사에 냉면집 업주들이 '파스타는 이만 원도 받는데 왜 냉면은 비싸다고 하느냐?'고 했다. 냉면의 원료인 메밀이 비싸서 어쩔 수 없다는데 믿어도 되나?

그 비싸다는 메밀이 50%나 들어가는지 모르겠다.

어쨌거나 먹을 때는 추억까지 버무려 즐기니 비싸도 굳이 걸음을 하게 되는 모양이다.

주머니 가벼워도 쉽게 사먹던 냉면의 출세.

이제는 주머니 두둑할 때 오라고 한다.

왜?

   별꼴이 너무 많은 이즈음.
   이해불가라고 하기에도 마뜩찮은 괴물들이 많아진 세상이다.
   어제 뉴스에 제자를 수년 간 학대한 악마의 기사를 읽고 '왜?' 이렇게 이상한 인간이 버젓하게 살 수 있는 걸까 답답했다.
   폭력에 길들여지면 반항할 의지가 없어진다고 한다. 무기력해진 한 사람의 인격. 사실을 알고 난 그 어머니가 매일 울고 있단다. 그 미친 놀음에 동조한 또 다른 괴물들은 동료를 짐승 취급하면서 희열을 느끼고 즐거웠을까. 이미 지성도, 이성도 마비된 인간들이었으니 고통스러운 상대의 모습에서 가학의 쾌감을 즐겼을 것이다.

그를 고통에서 구해준 사람은 괴물에게 착취당하느라 아르바이트로 일하던 치킨가게에서 만난 같은 아르바이트생이었다. 그의 하소연에 '세상에 이런 일이 있을 수 있나?' 의심했다는 정상의 사고와 생각을 가진 그 사람이 고마울 뿐이다.

이제 와서 선처를 호소하는 괴물들은 흉내로 사과하면서 3대 로펌의 도움을 받으니 좋게 합의하자는 또 다른 협박을 하고 있다니 보일 수 있는 몰염치의 끝은 어디인걸까. 법 위에 군림하는 錢의 위력이 가끔은 양심을 찾았으면 좋겠다.

꿈이 많았던 한 청년의 어이없는 인생돌발사고. 그 청년의 부모가 평생 가슴에 안고 갈 분노와 상처가 시리게 다가선다.

그 청년의 바람대로 괴물들이 무거운 벌을 받기를 나도 바란다. 무엇을 잘못하고 어떻게 사과해야 사람의 도리인가를 깨우칠 인격이 남아있을지 모르겠지만 벌이라는 건 죗값에 비례해야 하는 게 아닐까.

저기요

　누군가 뒤에서 "저기요~." 하고 불렀다.
　돌아보니 내가 흘린 서류봉투다.
　그 봉투를 들고 우체국을 가던 길이었는데 길에 떨구고도 몰랐으니 정신은 어디로 놀러나갔나.
　"아! 정말 고맙습니다."
　젊은 아가씨가 눈웃음을 보이는데 참 예쁘다.

　걸어오며 '저기요~'를 입안에 굴려 본다.
　그이가 "아줌마!" 하고 불렀거나 아파트에서 마주치는 젊은 아낙들이 거침없이 "할머니"라고 부르는 것처럼 '할.머.

니!'라고 불렀다면 마뜩찮아서 건성으로 '고마워요' 했을 것이다.

 엘리베이터에서 꼬마들을 데리고 타는 이웃들은 나를 보고 "할머니한테 인사해야지!" 하면서 배꼽 인사를 시킨다. 처음에는 당혹스러웠는데 그이의 입장에서 보면 나는 당연히 할머니다. 그 부모들의 연배이고 나도 아들이 제때에 결혼을 했더라면 서너 살 된 손자가 있는 게 정상일 테니 이미 할머니가 되고도 남은 터이다. 그래도 아직은 낯선 할머니 - 이웃집 손자가 "할모니 안녕하세요~!" 인사를 하면 저절로 입이 벌어져 웃으면서도 할머니가 거슬린다.

 '저기요~' 했던 처자의 처신은 어찌 생각하면 무례할 수도 있다.

 어머니 연배의 어른에게 '저기요!' 불러 세우다니.

 꼬장꼬장 따지자면 냉큼 들고 쫓아와 "저, 이걸 떨어트리셨어요." 해야 한다.

 말은 '아' 다르고, '어' 다르다고 하던데, 처자의 '저기요'는 기분 탓일까.

 아줌마! 된소리 낸 것보다 말랑하게 닿았다.

 애교스럽게 눈웃음 짓던 뉘 집 딸이 참 예쁘다.

복(福)과 벌(罰)

늘어난 수명이 복일까, 벌이 될까.
'엄니'를 보러 요양원에 들렀다.
셋이 한 방에 계시는데 두 분은 동갑, 한 분은 96세다.
다행히 세 분 다 총기가 맑아 나름 화기애애하게 지내고 계시다. 화장실 출입에 문제가 없는 게 가장 큰 복일까.
제일 관심을 보이는 간식 보따리를 끌러 고루 나눠드리고, 저마다 하시는 말씀을 들으면 우리네 일상에 아무 소용없는 사소한 일들이 큰 이슈가 되고 관심이 되어 토론이 시작된다.
왜 그토록 집착을 보이는지 알다가도 모를 두루말이 화

장지의 있고 없음. 누군가 '자꾸 훔쳐간다'는 안경. 화장지는 간병인에게 얘기하면 얼마든지 갖다 준다고 해도 돈을 줘야 준다며 수중에 돈이 없다고 근심이다.

당신이 관심 있는 분야에는 시시콜콜 아는 게 넘쳐 세 분의 동상이몽 식 토론은 끝이 없다.

그곳에선 미래의 나를 보는 것 같아 답답하고 먹먹한 가슴이 된다.

빈 웃음으로 맞장구를 치는 내 모습에 눈이 감아진다.

앞 병실에서 이상한 소리가 들려 들여다보니 침대에 누워 알 수 없는 소리를 내지르는 어르신이 계신다. 간병인을 부르니 늘 저러시니 괜찮다고 휑하니 가버린다.

엊그제 100세 생일잔치를 했다고, 100세를 살면 뭐하냐고 같은 방 어르신이 푸념이다.

충격이었다. 100세를 넘긴 숨만 붙어 있는 무기력한 존재. 요양원에서도 홀대를 받는 그냥 살아있음의 존재.

인간의 존엄성은 이미 증발되었고, 알아들을 수 없는 울부짖음을 계속하는, 사람의 겉만 남은 모습이다.

처참한 기분이었다.

언제고 닥칠 불안한 미래가 몸서리 쳐진다.

아침 신문기사에 자신의 예견된 죽음을 차근차근 정리하고 떠난 친구를 그리며 그렇게 품위 있는 죽음을 의논해야겠다는 글을 읽었다. 정말 호스 꽂고, 링거 꽂아 연명되는 삶은 거부해야 할 것 같다. 산다는 건, 책임이니 책임 다하면 복이었노라 고개 끄덕이는 그림이 그려졌으면 좋겠다.

2. 양평 가는 길

하루 종일 꽃의 고고한 자세를 들여다보았다. 잎새 끝에 나비 한 마리 앉아있는 듯 우아하기 그지없다. 그날 그저 버려두었으면 쓰레기통으로 들어갔을 텐데, 운 좋게 생명 부지한 이름 모를 난꽃.

내 호기심을 자극하고 들여다보게 만들며 존재를 알리던 몸짓들은 살고자 하는 본능이었을까. 식물들도 주인의 소리를 알아듣거나 싫고 좋은 감정을 전달한다고 한다. 그래서 화초를 키우는 사람들이 물을 주면서 말을 걸기도 한다지 않는가.

이현령비현령

　나이가 들면서 핑계가 많아지는 걸 깨닫는다.
　해야 할 일을 미루면서- 별것 아닌 집안 청소 따위의 소소한 일들에까지 핑계를 만들어 미루어 놓는다.
　오늘도 날씨가 춥다고 꼼짝할 생각을 않는다. 싱크대를 대청소해야 하는데 엄두가 나지 않으니 어깨가 아프다고 스스로에게 구실을 준다. 스산하고 답답한 하루. 지나간 시간들을 되돌아본다. 젊은 시절은 시행착오로 채워져 있고 어른으로 살아야 했던 시간들은 후회나 연민, 그리고 '다시 한 번'에의 미련이 그림자를 그리고 있다. 아이들을 키우면서 욕심을 부리고 아이가 말하는 것에 귀 기울이지 않았던 독선이 아프다. 나름대로 힘들고 외로웠을 아이의 심중이 이제야 읽혀져 아침이면 현관을 나서는 뒷모습이 애잔한 가슴. 지금까지 오느라 얼마나 애쓰고 스스로를 채찍질했을까. 내가 못한 무언가를 대신해 주기를 바란 욕심이 미련하고 안타깝다.

　가끔 인터넷을 둘러보다 媤 자 붙은 관계에 대해 험한 표현을 마구 퍼부어댄 글을 읽을 때가 있다. 그 사이트에는 媤 자 붙은 사람들은 다 거지 근성이고 아들을 등쳐먹는 사기꾼들이다. 나도 며느리 시절에는 원망이 많았다. 장남 자리라고 '해야 한다'는 책임이 어찌나 많던지 신물이 날 것 같았다. 본가 식구보다 더 말 많고 오지랖 넓은 일가친척들하고 연(緣)을 끊었으면 싶었다. 오는 것도, 가는 것도 겁이 났었다. 세월이 가면 다 정리되고 해답이 나오는데 끙끙 속을 끓였다. 물론 지금도 제삿날을 참견하는 사돈의 팔촌이 있어 화를 돋우지만 그러거나 말거나의 배짱이 생긴 세월이니 요지부동은 세월과 비례하나 보다. 그런데 이제 며느리를 들여야 하는 입장이 되고 보니 그 험한 말을 쏟아내는 젊은 아낙들이 무섭다. 저주에 가까운 표현을 듣는 그 시집 사람들은 왜 그렇게 밖에 못살아 온 동네에 까발려져 세상에 몹쓸 인간들로 취급받는지 한 번 만나 긴 대화를 나누고 싶다.

'왜 그렇게 집착하세요? 본전 생각이 나던가요? 아들이 남의 남자가 된 사실이 믿어지지 않던가요? 당신이 정말 싫었던 媤 자들의 위세를 내려놓기가 힘들던가요? 당신들이 살아내느라 버티며 힘들었던 세월을 이제 그 아이들은 다시 시작한답니다. 측은지심으로 지켜보면서 위로 한마디로 구질구질한 媤를 버리면 안 될까요.'

말은 반지르르 늘어놓지만 내 속에도 媤 자의 본능이 있겠지. 아들에 대한 집착, 기대 남 못지않고 시시콜콜 참견할 요소 두루 갖췄다. 짝 맞추거나 적군이 될 딸도 없으니 며느리 바라기가 쉬이 접어질지 은근히 걱정이 된다. 내가 지긋지긋하게 싫었던 말이나 행동을 하지 않는 것만으로 媤 자의 체면이 지켜질 거라고 수없이 다짐했던 혼자만의 약속을 새삼 돌아본다.

세상은 이현령비현령이라는 말, 참 나쁜 말이다.

기분 값

 명절이 지난 뒤 마트에 들르니 명절 선물용으로 샀던 과일세트에 반값 이하로 내린 가격표가 붙어있다. 황당한 기분이 들었다.
 10~20%도 아니고 50% 이하라니 누구를 놀라나 화도 났다. 명절 인사로 무엇을 선물하나 고심을 하다가 긴 연휴 동안 가족, 친지들이 먹을 수도 있고, 또 제수용으로도 쓰임새가 있을 것 같아 적당한 가격의 세트를 골라 배달을 부탁했었다. 포장 값이 더해진 가격이라고는 해도 서너 세트를 구입하니 가격이 만만치 않았다. 어쨌거나 해야 할 선물이니 보기에도 좋은 떡이 먹기에도 좋다는 말처럼 그

럴 듯한 포장에 눈이 멀어 성큼 카드를 긁었다.

"고마워요. 비쌀 텐데…. 잘 먹을게요."라는 답례에 마음도 흐뭇했었다.

그런데 눈앞에 반값으로 떨어진 그 과일세트를 보니 어이가 없고 놀림을 당한 기분이라 직원에게 볼멘소리를 했다.

"너무한 거 아니에요? 어떻게 3~4일 사이로 반값에 팔아요? 물건 받은 사람들이 뭐라고 생각하겠어요?"

직원은 계면쩍게 웃으면서 궁색한 변명을 했다.

"대목에 사셨잖아요. 생물이니 신선도가 떨어지기 전에 처분해야 해서요."

평소에도 신선도가 떨어질 때쯤이면 가격을 인하해서 팔기는 하지만 이번의 경우는 바가지가 심했다는 괘씸한 생각에 불쾌한 기분이 오랫동안 가시지를 않았다.

다시는 이 마트를 이용하지 말아야지 하는 생각도 들었다.

툴툴거리는 내가 민망했는지 계산을 돕던 직원이 "기분 값도 있잖아요." 했다.

"기분 값?"

황당한 변명에 픽 웃음이 나왔다.

하긴 이제 와서 따진다고 더 낸 값 돌려줄 것도 아니고 따지는 내가 한심한 거지.

돌아오며 '기분 값'이라는 말이 자꾸 맴돌았다. 맞는 말이다 싶었다. 명절 전이니 인사를 해야 할 자리는 있기 마련이고, 큰 부담 없이 반갑게 받아지는 선물이라면 효과는 만점이다. 나도 명절 밑이면 지인들이 보내주는 선물상자가 반갑지 않던가.

으레 보내오는 간단한 인사선물도 생필품이면 요긴하게 쓰이니 반가운 거고, 동서들이 제사에 보탠다고 생선 몇 마리를 들고 와도 고맙고 반가우니 명절에는 정말 기분 값이 얹어지는 게 맞는 것 같다. 내가 챙겨야 할 자리에 보내진 과일 세트를 받은 사람들이 고맙다 인사를 했으니 흐뭇했던 마음이 기분 값이었다. 그나마 과하지 않았으니 다행이다.

아마도 다음부터는 들쭉날쭉한 기분 값이 얹어질 과일은 선물명단에서 제외될 것 같다.

여름이라 뜨겁다

 어느 수필가가 길상사에 들렀는데 짧은 치마나 바지를 입은 사람들에게 허리에 두르라고 큰 보자기를 준비해 경내가 보자기 치마의 행렬로 넘실거렸다고 했다. 경건해야 할 경내를 맨살 내놓고 돌아다니니 나름의 고육책인가 보다.
 보자기 사이로 언뜻 보이는 허벅지가 유혹적이었다고 보일 듯 말 듯의 갈증을 내비쳤다.
 여름이면 젊은 아이들의 노출이 도에 넘친다. 차마 보기 민망한 차림을 하고도 당당하게 거리를 휘젓고 다니니 못마땅한 내심은 나이탓인 걸까. 지하철을 자주 이용하는 내 눈에 띄는 허벅지의 주인공들은 보기에도 푸릇한 처자들이다. 단정하게 입은 차림이 품위를 더 해 아름다움이 배가 되건만 그리 짧은 치마를 입고 척하니 다리를 꼬고 앉은 강심장을 보면 나도 모르게 찌푸려지고 쯧쯧 혀를 차게 된다. 저렇게 벗고 나가는 딸을 '내 새끼 날씬하기도 하지!' 하면서 예쁘다 착각하는 어미의 얼굴이 보고 싶기도 하다.

하긴 핫팬츠를 입고 민소매를 걸친 아기 엄마도 있으니 내가 세월에 뒤처져 사는 게 잘못이다.

어느 날인가 은행에서 차례를 기다리고 앉아있는데 창구에서 일을 보는 사람들이 하나같이 엉덩이를 뒤로 빼고 서 있는 게 보였다.

앉아있는 사람에게는 엉덩이들의 전시장이었다. 불쾌하고 지저분한 느낌이 들었다. 엉덩이가 그리 아름답게 보여지는 신체부위는 아니지 않은가. 물론 사내들이 육감적이니 뭐니 하면서 살덩이 배우들의 엉덩이에 침을 흘리기는 하지만 '마를린 먼로'쯤이면 모를까 일반 여인네들의 엉덩이는 다만 궁둥이일 뿐이다. 더구나 더러운 찌꺼기를 배출하는 항문이 있는 부위가 아닌가. 그러니 감추고 덮으면서 또 한편으로는 소중하게 다뤄야 하는 중요한 신체인 것이다. 그런데 보일락말락 아슬아슬하게 걸쳐 입고 엉덩이를 흔들어대니 심술마님 내 심보는 그 흔들리는 엉덩이에 시원하게 발길질 한 번 냅다 질러봤으면 싶다.

'야! 냄새난다. 좀 덮고 다녀라!' 소리가 목구멍까지 치밀어 오르니 놀부 마누라가 내 전생인 걸까.

여하 간에 여름이면 노출증 처자들로 인해 심기가 불편하다. 점점 뜨거워지는 한반도에서 살아내려면 점점 많이 벗고 다닐 텐데, 법으로 보자기 한 장씩 두르라고 했으면 좋겠다.

고약한 우울증

　내리쬐는 햇빛이 무서워 외출을 삼가다가 꼭 해야 할 일이 생기면 마지못해 집밖을 나선다.
　지난 2월에 손댄 얼굴 점빼기는 아직도 A/S 중이다. 시술 후에 남아있는 울긋불긋한 자국을 없애느라 돈 주고 고문받기가 진행 중인데 이제 얼추 마무리 단계에 접어들었다. 레이저로 쪼아대고, 약품으로 닦아내고…. 그리고 마사지를 해주는데 화끈거리는 피부를 진정 시켜주면서 아주 잠깐 단잠에 빠지게 한다. 간혹 코를 코는 옆자리 아주머니 때문에 고스란히 소음에 시달리지만 코를 골며 자는 그 신기한 집중력에 감탄을 한다. 무신경한 걸까? 어떻게 팩을 붙인 사이에 코를 골면서 잘 수 있는 거지??

 피부과를 나와 옆집 내과에서 처방전을 받고 약을 지어 버스를 탄다. 병원 앞이 버스정류장이라 친정엄마 계신 '사랑마루'에 들르기가 쉽다.

 솔직히 요양원을 다녀오면 한동안 심란하고 알지 못할 불쾌감이나 울화가 치밀어 자주 가고 싶지가 않다. 당신 몸이 건강해서 채마밭이라도 가꾸는 '남의 집 엄마'들이 부럽고 그이들은 무슨 복인가 싶다.

 요양원에 들어서면 마주치는 초점 없고, 무기력한 영혼 없는 시선들. 간병인들과 인사를 나누고 '엄마의 방'으로 간다.

 언제나처럼 야무지게 옷 차려입고 신문을 읽거나 뉴스를 시청중이다. 건강보험 공단에서 심사를 나왔는데 당신은 80점쯤 된다고 소근 거린다.

 '나는 50점도 못 받을 줄 알았다."

 80점이라 흐뭇하다는 표정이다. 등급이 내려가면 퇴원을 해서 집으로 가야한단다.

 화장실, 세수, 식사가 혼자서 가능하니 굳이 요양원에 계실 필요가 없다는 게 심사의 요지다.

 상황판단에 문제가 있고, 돌출행동이 시도 때도 없는

사정 따위는 가족들의 문제일 뿐이란다.

무엇을 생각하는지 알 수 없는 엄마의 머릿속.

"내가 너한테 얘기할 게 있다."면서 집요하게 따라 나서면서도 할 얘기가 무엇인지 기억을 못한다. 사무실에 출입구를 열어 달라고 해야 하기에 들어가시라고 해도 막무가내 '할 얘기가 있다'고 한다.

"아! 뭔 얘기요?"

"글쎄… 뭐였더라…."

문을 막고 서서 고개를 갸우뚱 하는 엄마가 미웠다.

"너한테 좋은 얘긴데…."

그래서 울화가 치밀었다. 나한테 좋은 얘기는 진즉에 하시지. 좋은 얘기를 왜 이제 와서 생각하느라 애를 태우나…. 간병인이 살살 달래 모시고 들어가는 걸 보고 나오는데 '악!' 하고 소리를 지르고 싶었다. 그냥 화가 치밀었다.

사는 게 뭐지? 존엄성 따위는 상관없이 비참한 모습의 현실이 끔찍하다. 끔찍한 현실이라는 거울 속에 내가 보이는 게 무섭다.

하늘에 계신 나의 주님. 믿노라 기도 받치는 나의 주님. 주님 보시기에 아프지 않은 모습으로 거두어 가소서.

거름 자리

 아파트 화단 정리를 하다 어느 집에서 내다버린 난 화분을 하나 주웠다.
 화분과 분리해 던져 놓았더니 동네 아주머니가 "갖다 키워보세요. 전에 보니 저 난이 꽃대가 잘 올라오는 것 같아요." 했다. 시들시들 말라 있어서 '살까?' 싶었지만 집에 가져와 빈 화분에 거름을 섞어 다독다독 곱게 심어 놓았다. 반 정도는 잎이 시들어 잘라주고 싱싱하게 올라오는 잎들은 쓰다듬듯 매일 먼지를 닦아주었다. 달포나 지나서야 겨우 정신 차린 잎새들이 쭉쭉 키를 키웠다.
 부채를 펼쳐 놓은 모양인데 납작한 잎새 끝으로 알을 품

듯 새 잎이 물려져 있어서 "얘네들은 이렇게 번지나봐?" 신기해했다.

그러더니 어제, 오늘 꽃을 물었다. 잔뜩 웅크리고 있던 몸을 펼쳐 하얀 꽃잎 밑으로 보랏빛 꽃이 요염하게 얼굴을 내밀었다.

그 모양새가 신기하고 반가워서 식구들에게 "여기 좀 와봐~" 하면서 꽃구경을 시켰다.

아침부터 '웬 호들갑?' 하던 눈빛들이 '와! 신기하다…'로 바뀌었다.

하루 종일 꽃의 고고한 자세를 들여다보았다. 잎새 끝에 나비 한 마리 앉아있는 듯 우아하기 그지없다. 그날 그저 버려두었으면 쓰레기통으로 들어갔을 텐데, 운 좋게 생명 부지한 이름 모를 난꽃.

내 호기심을 자극하고 들여다보게 만들며 존재를 알리던 몸짓들은 살고자 하는 본능이었을까. 식물들도 주인의 소리를 알아듣거나 싫고 좋은 감정을 전달한다고 한다. 그래서 화초를 키우는 사람들이 물을 주면서 말을 걸기도 한다지 않는가.

난꽃에 반해 베란다 쪽을 곁눈질 하는데 텔레비전에서

시설에 버려지는 아이들, 입양되는 아이들, 더구나 먼 외국으로 떠나가는 아이들을 방영하고 있다. 태어나자마자 버려지고, 키워지다 시설에 맡겨져 생이별 당한 아이들.

눈빛이 맑은 아이는 제 앞날도 모르면서 천진스럽게 웃고 있다. 임시로 키워 준 보모와 떨어지지 않으려고 악을 쓰고 우는 아이…. 데려가는 사람도 아이를 내어 주는 사람도 모두 눈물을 쏟는다. 제발 잘 자라기를, 사랑 듬뿍 받기를 마음으로 빌어본다.

사람의 팔자라는 건 정말 있는 걸까. 천차만별의 태어남은 무슨 조화일까.

화단에 버려진 난 한 촉도 거두어지면 저리 화려한 꽃을 피우는데, 버려진 아이들도 거름 많은 토양에서 아낌없는 보살핌 받기를 간절히 바라는 아침이다.

옛말에 '머리 검은 짐승은 거두지 말라'던 저주 같은 말 따위는 없어졌으면 좋겠다.

사랑하고 아끼면 모두가 보석이 되어 빛을 내는 거라고 믿고 싶다.

파 업

하반기가 훌쩍 지나갔다.
해마다 시작은 꿈도 야무졌는데….
그저 허덕허덕 쫓기며 달음질쳤다.
이제 무엇을 해야 하지?
하얀 백지장이 펼쳐진다.

어제 TV에서 치매에 걸린 여인네가 제 이름 석 자도 쓰지를 못하는 모습을 보면서 참담한 기분이 들었다.
기억을 놓친 사람 - 삶이 의미가 없어진 사람.
무섭고 슬픈 일이다.

자신에게 그런 일이 닥칠 것이라고 짐작도 못했겠지.
친정 엄니도 되풀이해서 "이사는 했냐?"고 묻는다.
왜 이사에 집착하는 걸까?
"새집이라서 아이들이 좋아하겠구나."
"???"
엄니를 보고 오면 며칠 동안 울컥 치미는 화를 삭이느라 소화가 안 된다. 화가 나고, 분하고의 감정. 왜 기억을 잃는 거야? 여러 사람 질리게 하던 그 기백은 어디로 갔냐고. 꼬장꼬장 앞뒤를 재던 한 가지는 잊지를 않아 화를 돋우는 솜씨는 여전하다.
'남의 편'이 오늘 상가 집에 간다고 퇴근이 늦는단다.
기쁜 소식이다.
저녁시간이 한가하고 밥을 잊어도 된다. 이런 날은 아들들도 죄 늦게 왔으면 좋겠다. 날이 갈수록 나는 파업을 하고 싶다.

행복한 남편?

31살의 가녀린 여인이 일곱 아이의 엄마랍니다. 처음 그 기사를 접하고 '아마도 입양을 했겠지' 여겼습니다.

화면에 비치는 여인이 너무 마르고 창백해서 병을 앓고 있나? 의아했습니다.

일곱 아이 모두가 친자식들이고, 그러니 그 젊은 엄마는 20살 나이에 출산을 시작했더군요. 고아원에서 자라 힘들고 외롭게 살다가 사회에서 남편을 만나 '아버지, 삼촌' 같은 감정으로 의지하고 사랑했답니다. 나이 차이가 15년이더군요.

그 젊은 엄마의 남편은 아이를 무척 좋아하고 그래서 많이 낳고 싶었다고, 일곱 아이로 인해 행복하다고 했습니다.

행복하다며 웃는 그 남자에게 '에라 이 ㅁ.ㅊ.ㄴ' 하고 욕을 하고 싶었습니다.

어린 아내가 하루 종일 아이들에게 치여 노랗게 말라버린 모습이 보이지도 않는지, 행복하다니요.

물론 자신도 돕느라 허겁지겁 하더군요. 출근 전에 아이들을 씻기고, 퇴근 후에는 놀아 주고, 아내도 돕고….

여자는 세탁기를 하루에 4번 돌린답니다. 도와 줄 손도 없는지 혼자서 허덕이는 모습이 어찌나 가엾던지요. 친정엄마가 있었더라면 저 꼴을 그냥보고 있지만은 않을 텐데 싶었지요. 내 딸이었다면 저 무지한 사위놈을 확 두들겨 패놓고 말았을 겁니다.

물질적으로도 풍족하지 않아 더 고단한 육아에 지친 젊은 엄마는 골다공증이 염려되고, 영양실조랍니다.

누가 제대로 건사해 주지 않으니 아이들 치다꺼리 하느라 본인 입에 균형 잡힌 식사 같은 건 상관없는 일입니다.

흔히들 어른들이 그러시지요. 다 제 먹을 것 갖고 태어나고 아이들은 알아서 큰다고요.

그 집 아이들도 알아서 크겠지요. 성장은 자연현상이기도 하니까. 필름을 지켜보던 아나운서가 '애국자'라고 돕는 손길을 바란답니다. 출산율이 낮아서 걱정인 요즘 세상에 한 집에서 일곱 아이나 쑥쑥 낳아 놓았으니 애국자라는 말이 우습지도 않습니다.

그 젊은 엄마의 피곤에 지친 모습이 지워지지 않습니다.

방송을 탔으니 하다못해 주민센터에서라도 필요한 손길을 보내겠지요. 기저귀나 생필품을 보내주는 따뜻한 사람들도 있을 겁니다. 그런데 그이들이 그렇게 방송을 해서 도와주어야 할 만큼 빈곤하거나 절망적이지는 않습니다.

그 엄마가 아이 셋 정도로 출산을 끝냈다면 그런대로 오붓하게 자신의 몸도 추스르면서 아이들의 재롱에 빠져 살 수 있는 게 아닐까 오지랖 넓은 생각도 들었습니다.

욕심 많은 그 집 남정네가 열을 채우고 싶다고나 않을지 모르겠네요.

가끔 방송에서 흥부네니 9남매니, 아이 많은 집들이 줄줄이 나와 행복하다고 소란을 떠니 그렇게 살고 싶다고 마음먹고도 남겠다 싶습니다. 아이들이 많아서 행복한지는 각자의 선택이지만 동생들에 치이고 더러는 부모 대신 동생들을 업어 키우기도(?) 해야 하는 큰 아이들의 희생에 대해 미안한 생각은 없는지 흥부네 남편들에게 묻고 싶습니다.

젊어서 노세

'노세, 노세 젊어서 노세… 늙어지면 못 노나니~얼씨구 절씨구….'

그 옛날 이 노래를 듣고 세상에 이렇게 천박하고 상스러운 노래가 다 있나 싶었다.

젊어서 놀자니, 열심히 개미같이 일해야 한다는 젊음이 아니던가. 그렇게 배우고 자란 내 귀에 그 노래는 천하에 몹쓸 노래였다.

작부들이 젓가락 두들기며 목청을 높이기에 맞춤인 그 노래. 그래서 할 일 없고 능력 없는 백수들의 주제가쯤으로 치부했다. 사실 누가 만든 노래인지 알지도 못하고, 끝까지 들어 본 일이 없다.

그러니 가사 전체를 알지 못하면서 그저 첫 구절이 '노세~ 노~세…'로 시작해 황당하다 싶었다. 근면, 성실을 덕목으로 배운 세대이니 젊어서 놀자는 가락이 천박하기 이를 데 없었다.

현재에도 나는 이 노래를 끝까지 들어 본 일이 없다. 그런데 젊음이 사그라지는 이즈음에 '노세, 노세'에 마음이 가 닿는다.

'늙어서는 못 노나니….' 맞는 말 아닌가?

다리 힘이 없으니 춤인들 출 것이며, 목청인들 제 소리를 낼 것인가. 놀고 싶은들 멀리 가는 걸음이 무서워 문밖에 나서기가 쉬운가. 고혈압과 고지혈로 위협받는 신세라 걷기에 열심인데 문득 눈앞에서 힘겹게 뒤뚱 거리는 노인을 만나면 울컥 화가 치민다.

다리를 있는 대로 벌리고, 배는 앞으로 내밀고, 목은 젖혀져 하늘을 향했다. 저리 흉하게 걷는 이들은 그동안 무엇을 하느라 저 지경이 되었을까. 평생을 식솔들 치다꺼리에 허덕이다 이제 노역을 면하고 이제라도 더 살고 싶다 뒤뚱 거리는가. 그나마 제 힘으로도 못 걸어 헌 유모차를 의지하고 힘겹게 걷는 초라한 풍경. 내 모습도 저리되면 어쩌나 알 수 없는 분노로 그이들을 흘겨본다.

멀리 못나가니 동네 천변 길에 몰려 나와 뒤뚱뒤뚱 단체로 오리걸음을 걷는 그이들. 젊어서 무엇을 하느라 자신의 몸이 망가지고 찌그러지는 걸 몰랐을까. 알면서도 어쩌지 못한 이유가 있겠지. 동병상련처럼 슬프고 안쓰럽다.

놀멍, 쉬멍, 걸으멍 그렇게 살지 못한 당신들과 내가 가여운 풍경이다.

실컷 놀지 못한 내 젊음이 조바심 내며 '놀자, 놀자!' 유혹을 한다. 체력이 따르지 못하는 여행이 고역이 되어가고, 하루 외출 뒤에 하루를 쉬어야 하는 현실을 체감하면서 부지런히 놀아야지 다짐을 한다.

다리 힘이 따라줄 때 돌아다녀야 한다. 늙어서는 못 노나니 악착같이 놀고 또 놀아야 한다.

젊은 것들이 '노인네들이 왜 나와서 싸돌아다니는지 모르겠다.'고 한다는데, 이것들아 너희가 뭘 아니….

젊어 놀지 못한 여한을 알 수 없는 너희들이 과거의 우리였단다.

양평 가는 길

길 따라 다니기에도 유행이 있나 보다.

10여 년 전 문우들하고 어지간히 즐겼던 길이 양평 가는 길이다. '두물머리' 강가가 좋아 한 주일에 두어 번씩 그쪽으로 나들이를 다녔다.

즐거움도 성향이 같아야 나눌 수 있는 법이니 운전하기를 좋아하는 사람, 식도락을 즐기는 사람, 그저 어딘가를 가는 게 좋은 사람, 강이 보이는 찻집이 좋았던 사람. 적당히 섞인 서너 사람이 '묶음 세트'가 되어 보기에는 한심했을 방랑을 즐겼다.

식구들이 직장, 학교로 나간 후에 대충 치운 집을 빠져 나와 자칭 '베테랑 운전기사'가 모는 차를 타면 깔깔 웃음소리가 끊이지 않았다. 말하기 싫은 날은 남이 하는 얘기를 들으면 되고, 쌓인 게 넘치는 날은 내가 떠들면 되고, 비싸지 않아도 맛깔스런 식당 찾아 보리밥이라도 비벼 먹고 오면 부엌이 넌덜머리나는 아줌마들에게는 최고의 호강이기도 했다.

그 시절은 여자들이 운전대를 잡기 시작한 전성기라 어디를 가나 여자들의 세상이었다. 식당을 가도, 찻집을 가도 괜찮다 소문난 곳은 아주머니들이 점령을 해서 열심히 일하는 남자들에게 공연히 미안하거나 죄스러운 기분이 들기도 했다.

떠들기도 경지에 이르러 소문난 식당에서는 밥이 입으로 들어가는지, 코로 들어가는지 정신을 차릴 수가 없었다.

사람이 모이니 눈길 닿는 곳마다 요란하게 치장한 찻집들과 식당, 모텔들이 줄을 이었다. 강가의 아름다운 풍경들이 퇴색되면서 그저 그런 유흥지로 변질되어 버려 굳이 찾고 싶지 않은 곳이 되었고, 저마다 사정이 달라진 우리 '나들이 세트'도 소원해져서 가도 그만, 안 가도 그만인 양평 가는 길은 내 지도에서 지워졌다.

엊그제 친구들의 제안으로 양평쪽으로 방향을 잡게 되었다. 가까운 곳에서 식사를 하자는 우리 부부에게 겸사겸사 바람도 쐬자며 일행은 부득부득 양평으로 앞장을 섰다.

가다보니 이 길을 지난 지가 '10년을 훌쩍 넘어섰구나.' 감회가 새로웠다. 별달리 새로 생긴 건물도 없고, 그저 그대로 자리를 지키고 있는 식당, 찻집들.

강물이 넘실대는 풍경이 아름다웠던 '힐하우스'와 '들꽃이 피는 언덕'이라는 상호가 마음에 들었던 찻집도 그 자리에 있고, 강가에 즐비한 별장들도 그대로 있었다.

몇 년 새 경기가 좋지 않아서인지 낡은 건물들이 궁색해 보이고 텅 빈 주차장이 무색한 찻집들이 안쓰럽다.

그러고 보니 사람들이 몰리는 취향에도 유행이라는 게 있구나 싶다. 어느 한때 미사리에 가는 게 낙이라던 친구도 이제는 싫증도 났지만 늙었다고 푸대접이라 안 간다고 해서 깔깔 거리고 기름 값이 비싸서 멀리 가기는 부담이라는 '베스트 드라이버'의 서글픈 이유에 배를 잡고 웃기도 했다.

불쑥 찾았던 양평 가는 길은 지금도 아름답다. 두물머리 푸른 물의 유혹은 그대로이다. 아름답다 감탄을 하던 그네가 외쳤다.

"차 잠깐 세워요! 저 집 토마토가 맛있더라!"

'무농약 인증 토마토'라는 광고 현수막이 바람에 춤을 추고 있었다.

퇴촌산(産) 토마토가 맛있다는 그네의 주장에 아주머니들이 민첩하게 움직였다. 한 상자씩 차에 싣고 돌아오면서 우리는 토마토의 이로움에 대해 열띤 토론을 했다.

이제 '우리네' 양평 가는 길에도 세월이 가져다 준 삶의 찌꺼기가 묻어나고 있었다.

네 생각 내 생각

 생각이라는 게 참 자유로운 것이라서 구속하지 못하는 맹점이 있다. 옛말에 '버선목이면 뒤집어 보이기나 하지'라고도 했다. 내 생각은 그렇지 않은데 상대는 자신의 생각을 잣대로 불평, 불만을 얘기한다.
 나도 내 생각을 상대에게 주입시키려 한다. 그래서 감정이 상해 서로 경원하고 질시하며 생채기를 내고 쓰리다 한다.
 아주 가끔 이 사람의 뇌구조는 어떻게 생겼기에 이렇게 막무가내형 이기주의일까 의심을 갖는다. 주변을 불편하게 하는 기술, 활달하다고 착각을 하고 사는 것 같다. 감정의 동물이라서 표현을 하는 게 정상이지만 왜?라는 물음을 갖게 하는 경우에는 덩달아 화가 치민다.

  자신의 마음이 불편하다고 주위 사람 아랑곳없이 흥분해서 말들을 마구 쏟아내는 누군가로 인해 서로가 민망해야 했던 자리에서 아연한 느낌이 들었다. 사람들은 참 당당하게 사는구나, 용감하고 거침이 없어서 무시 같은 건 받지 않겠구나. 그래서 스스로 많이 참는다 여겨지던 내가 무참했다.

  글 쓰는 이들은 예민하고 감성적이다. 작은 일에도 민감한 반응을 곧잘 보이는 게 글 쓰는 이들이다. 예술가들의 보편적인 특성이기도 하지만 내가 글을 쓰니 그들의 사소한 모습들이 자주 눈에 들어온다. 도대체 이 글을 왜 내밀었지? 하는 의구심을 갖게 하는 경우도 있고, 글 쓴 의도를 추측해서 갑론을박하거나 미주알고주알 험담 삼는 사람도 보았다. 뒷전에서는 나라님도 흉본다고 하기에 그깟 치졸한 일쯤은 웃어넘기면 된다. 그냥 너와 나의 다름을 인정하기가 쉽지 않아 골 깊은 상처를 얘기하는 게 안쓰럽다.

  시간에 속도가 붙었다. 달리기를 해도 따라 잡을 수 없는 시점이다. 생각에도 가속이 붙었을까.

  아주 무거운 바위 하나 옮겨와 눌러 놓아야겠다.

  생각은 천천히 가는 게 맞을 것 같다.

추운 날 생각 한 자락

매서운 추위에 마음도 꽁꽁 얼어붙었다.

베란다 창이 부옇다. 창밖 바람이 안의 온기와 씨름중이다. 어느 해던가, 빨랫줄에 동태가 되어 얼어있던 빨래들. 세탁기가 없던 시절이니 안에 들여져 녹느라 물이 뚝뚝 떨어지며 걸려있어도 그러려니 했었다. 방구들은 절절 끓어도 윗목에서는 대접에 담긴 물이 얼던 시절. 그 추운 날씨에도 교복이 치마라 검정 스타킹 하나가 보온 내의를 대신했다. 종아리가 너무 시려서 동상에 걸리기도 했는데 왜 미련하게 치마를 입혔는지 알다가도 모르겠다.

제일 미련했던 기억 하나는 운동화를 데워 신고 나가면

덜 추웠을 텐데 신발을 차게 만들면 추운 감각이 덜어질 거라고 믿고, 데워도 시원치 않을 운동화를 밖에 내놓았다가 신고 가는 촌극을 벌였다. 그날 아침에 시렸던 발의 기억은 지금도 생생하다.

  신발이 종류별로 넘쳐나는 아이들이 요즘 유독 흰 운동화를 신고 다닌다. 무슨 유행인지 모르겠으나 눈이 펄펄 내리는 날에도 운동화를 신고 나가 잔소리를 했다. "구두는 두었다가 뭐하냐?"와 "부츠를 신고 나가도 추운데 빈티 나게 운동화를 신고 다니냐?"에 아들이 "엄마, 구두는 미끄럽고 부츠는 발이 무거워서 피곤해요."다.

  복에 겨웠지. 그 옛날 저렇게 털 깔린 부츠 하나 있었으면 남극이라도 간다고 나섰을 것 같다. 내 눈에는 다 비슷비슷한 운동화들인데 옷에 따라 신는 종류가 다르다. 색상을 맞추기도 하고 질감이 달라 보이기도 한다. 외피가 가죽이기도 해서 옛날같이 발이 시리지 않다고 한다. 여하 간에 한겨울에 운동화는 제멋이겠지 싶어 별스러운 유행이구나 마뜩찮을 뿐이다.

  재활용품을 내놓는 날이라 옷 정리를 하니 입지 않는 옷들이 한 보따리다. 아이들의 옷은 아까워서 수년을 끌어안고 있었다. 돈도 수월치 않게 주었을 텐데 바지며 점퍼, 티셔츠는 넘쳐난다. 청바지를 세어보니 열 벌이 넘는다. 구별이 가지 않는 디자인이건만 다 유행이 있어서 입지 않는 옷들이라고 주저 없이 '버려도 돼요!'다. 큰아이가 입던 옷은 코트까지 있어서 차마 재활용 박스에 내놓지를 못하겠다. 그때 이걸 큰마음 먹고 사줬는데 하는 생각에 괘씸하기도 하다. 형하고 체격이 다르니 물려 입지도 못해서 작은 녀석을 입히지도 못하고 그저 아깝다 쌓아놓고 있었다.

어느 때는 이 지역에 유명한 다단계 아이들이 지나가는 걸 불러다 나눠주고 싶다는 생각도 든다. 행색도 초라한 청년들이 변변치 않게 입고 지나다니는 걸 보면 마음이 아프다. 제 부모들은 저러고 다니는 걸 모르고 있을 텐데 싶어 안타깝고 입지 않고 쌓아 둔 저 옷들을 내주면 따뜻하게 입지 않을까 생각하지만 아들이 펄쩍 뛰며 말린다.

"엄마, 고마워하지도 않을 뿐더러 그 사람들도 자존심이 있는데 모르는 사람이 주는 남의 옷을 입겠어요? 괜히 아줌마 주책이라고 기분 나빠할 걸요."

하긴 오지랖이지. 내 마음 같지 않은 게 어디 이런 일들뿐일까.

쓸쓸한 생각

 듣고 보면 독설이 아닌데 독설가라고 명성이 자자한 '김某'교수의 강의를 들었다.
 TV시청이었지만 마침 조용한 시간이라 재미있는 입담을 즐기는 기분이었는데, 삶의 질에 대해 자신의 생각을 거침없이 말하고 표현하는 그분의 명쾌한 진단이 흥미로웠다.
 가장 공감을 느꼈던 부분은 '지금 행하라'는 주장이다.
 내가 할 수 있는 일을 지금 행하고 즐기라는 단순한 논리이지만 그게 어디 쉬운가?
 사람들은 흔히 은퇴, 즉 일을 접고 나서 '무엇을 하고 싶은가?'라는 질문에 여행을 가고 싶다고 한단다.

여행? 어디로?
유럽.
유럽 어디로?

막연히 유럽이라고 답하면서 유럽 어느 곳으로, 어느 장소에 가서 무엇을 보고 싶은지는 답하지 못하는 불확실함.

내가 하고 싶고 보고 싶은 게 무엇인지, 지금 내가 왜 기분이 나쁜지, 무언가를 갖고 싶은데 그 이유가 무엇인지 구체적으로 생각해 보라는 충고다. 늘 기분이 나쁜 사람은 자기가 원하는 것이 무엇인지를 모르기 때문이라고도 했다.

나 역시 일상에서 느끼는 작은 행복이 내 삶의 질을 변화시키고 스스로를 행복하게 만들어 준다는 사실은 이론적으로 그렇다고 답하지만 미미한 행복이나마 느끼기 위해서 버리거나 담아야 할 것들이 너무 많다는 생각을 한다.

어떤 굴레 속에서 적당히 타협하는 일이 쉽지 않기에 짜증이나 불만, 불평이 따라 다니고 가끔은 불행하다는 자괴감에 빠질 때가 많은데, 곰곰이 되짚어 보면 좋아하는 일을 하지 못하기 때문이 아닌가 싶다. 그저 그렇게 습관적으로 살면서 이렇게 사는 게 보통의 삶인가 보다 했다.

'하고 싶은 일이 이것이다'라고도 말하지 못하는 건 잊었거나 잃어버린 꿈이 현실과 맞지 않아서일 거다.

  평균 수명이 100세를 전후하는 이 시대에 30년 이상 노년기를 살아내야 하는 당장의 숙제를 풀기 위해서 내가 해야 할 것들이 행하기에 벅찬 것들이라 쓸쓸하다. 끊어내고 싶은 아픈 기억들, 무시하고 싶은 덴덕스러운 인연들, 어긋난 약속들에 대한 불쾌함 – 내가 반해서 평생의 위안이 되어준 실체가 없는 것이 참 불행하다.

  김 교수는 독일 유학 중 비참할 만큼 외로울 때 슈베르트의 가곡을 듣고 위로를 받아, 이후로 그 노래를 들으면 힘이 되고 행복하다고 했다.

  나도 남은 얼마간의 시간을 위해 이제라도 '슈베르트의 가곡'이 되어 줄 위로를 찾아야 하지 않을까.

동 행

　세상을 살며 어려운 일 중에 하나가 동행이 아닐까 하는 생각이 든다.
　같은 길을 가는 사람, 같이 가야 하는 사람과의 호흡이 맞지 않는다면 걸음 맞추는 일이 고행이 될 것이다. 언제부터인가 우리나라에 사회문제가 되어 드러나고 있는 국제결혼의 실체. 한 해 4만의 신부가 베트남에서 우리나라에 들어왔다고 한다. 큰 기대나 환상으로 택한 한국 사람과의 결혼. 스무 살 남짓의 어린 신부들이 설렘으로 가슴을 두근거리며 이역만리 한국을 찾아왔다. 막연하게 소문으로 듣던 풍요로움, 가난한 친정에 도움을 주고 싶다는 작은 소망도 숨기지 않는 순진한 처녀들이 배우자 하나만을 바라보고 이 땅에 발을 내딛었다.

자연스러운 만남이 아니라 소개소에서 전해준 막연한 정보, 사업체를 가지고 있는 사장이라고 해서, 직업도 있고 집도 있다고 해서 가난의 굴레를 벗어날 수 있다는 희망에 부푼 가슴을 안고 왔는데 현실은 참혹하다. 나이가 많고, 무능력한 배우자. 정신 병력도 있는 사기결혼을 당했다는 사실에 신부들은 지옥에 들어선 심정이었을 것이다.

얼마 전에 남편에게 살해당한 베트남 신부의 이야기가 사회에 경종을 울렸다. 정신 병력을 속이고, 무능하고, 단칸방살이의 가난한 현실에 신부는 억장이 무너지고 화가 치밀었을 것이다. 잦은 부부싸움 끝에 아이를 낳은 지 20일 된 아내를 못난 사내가 죽였다. 신부는 동행 길에서 죽임을 당했다. 처참하고 서글픈 사실에 그 어머니가 절규하면서 말했다.

"딸은 힘들어도 부모에게는 괜찮다고, 잘 지낸다고 얘기했어요. 내 딸이 이렇게 아프게 죽을 거라고는 상상도 못했어요."

신부는 친정어머니에게 잘 사는 모습을 보여주고 싶었을

것이고, 무엇이라도 도움을 주고 싶었을 것이다. 어처구니 없는 현실과 어쩔 수 없는 상황에 분노가 치밀어 동행을 거부 했는지도 모른다. 철창에 갇힌 생부를 대신해서 주위 사람들이 핏덩이 아이를 보육원에 맡겼다고 한다. 아이에게 보호자는 아무도 없었다. 생부에게 죽임을 당한 생모가 유일한 핏줄이었을까. 생부의 가족들은 아이를 외면했다. 참 잔인한 사람들이다. 남의 귀한 자식을 속임으로 데려오고, 도망갈 수도 없는 처지를 악용해서 아무런 보살핌도, 도움도 주지 않았다. 아이에게 조부모, 고모, 삼촌들의 혈연이 있었을 텐데 모자라는 자식을 외면하듯 그 아이도 모르쇠로 내버린 사람들.

　피눈물로 딸을 가슴에 묻은 베트남 외할머니가 아이를 데려갔다. 보육원에서 처음 만난 아이가 딸의 눈매를 닮았다고 그 어머니가 울었다. 너무 미안해서 TV 화면으로 지켜보던 나도 눈물이 나왔다. 사람이라는 건 정말 몹쓸 동물들이다.

　먼 훗날 아이는 자라서 생부, 생모의 참담한 이야기를 듣고 어떤 생각을 할까. 보육원에 팽개쳐져 죽은 어미의 눈물이었던 자신을 떠올리며 한국을 증오할까.

내가 걸어 온 길을 뒤돌아본다.

크고 작은 굴곡들, 아이들이 주었던 기쁨들, 가족이라는 이름으로 할퀴고 지나간 상처들, 놓아버리고 싶었던 순간인들 없었을까. 용케 견디고 잘 피하면서 다져온 자리들이다. 동행은 힘자랑하는 놀음이 아니라는 걸 조금씩 깨닫는 즈음은 움켜 쥔 욕심을 놓아야겠다는 변화를 즐기고 있는 것도 같다.

바로 이웃에 필리핀 며느리가 산다.

'나, 친정에 가요! 좋아 죽겠어요.'

환하게 웃는 얼굴이 참 좋다.

그대 동행은 그대를 참 잘 만났다.

사후약방문

 내가 요즘 사는 양이 꼭 그렇다. 준비는 정해진 때가 있는 게 아니라는 걸 절실하게 느끼고 있다.
 어느 날 갑자기 고혈압이라며 처방을 받았고, 고지혈 수치도 높다고 또 처방을 받았다. 그런가보다 하고 무심히 주는 대로 복용하던 약들이 그저 먹으면 좋은 약이 아니라는 걸 새삼 깨닫고 실소가 터져 나왔다.
 100세 시대이니 긴 노후가 부담스러워진 우리 나이에 보험증서 한 장쯤은 준비를 해두어야 아이들에게 부담을 주지 않겠지 싶어 알맞은 보험을 알아보려니 내 나이는 보험회사가 싫어하는 나이에 들어서 있고, 더구나 고혈압과 고

지혈 처방이 발목을 잡았다.

"고객님은 보험 대상이 아니십니다."란 소리를 서너 번 거푸 듣고 나니 당황스럽기까지 했다. 마치 쓸모없는 인간 취급을 받는 느낌이었다. 상냥한 상담사들은 너도나도 치매보험을 들라고 종용을 했다. 죽은 뒤에 몇 천만 원, 억대까지 준다고도 한다. 자세히 들여다보면 수십 년을 돈만 받아먹고 곱게 잘 죽기를 바라는 장삿속이 보인다.

사람 일은 알 수 없어서 무슨 재해를 당할지는 장담할 수 없지만, 기껏 80세까지 보장해 주고 그 후에는 '난 몰라요'다.

요즘 세태로 본다면 정작 80세 이후에 아쉽고 필요한 게 치매고 재해 보장 아닌가. 너무 많은 종류와 내용이 얽히고설켜 브리핑이라도 들어야 알 것 같은 보험의 세계. 열심히 뒤지고 뒤져 적당한 보험 하나를 억지로 들긴 들었다.

토씨 하나로 발목을 잡고 책임을 회피한다는 보험의 본성을 귀가 닳도록 들어서 내가 무슨 실수를 하지 않았을까 노심초사 내용을 살피고 또 살피는데 왠지 개운치 않은 기분이다. 차라리 죽은 다음에 내 새끼들에게 돌아간다는 보장보험이나 들 걸 그랬나 싶고, 젊은 날 진작 들어두었더라면 좋았을 걸 후회가 된다.
 '닦고, 조이고, 기름 치자.'라고 쓰여 있던 그 옛날 어느 자동차 정비소 간판이 떠오른다.

건망증과 우울증

깜빡깜빡 잊는 일이 많아지는 나이가 되면 누구나 '치매가 아닐까?' 우려로 근심, 걱정이 는다.

조금 전에 한 말, 하려고 했던 일들. 손에 들고 있던 물건을 어디에 두었나 찾는 일 등으로 당혹스러웠던 경험을 자주 겪게 되는 즈음이라 고심 끝에 뇌 검사도 받았다. 뇌는 말짱하다는데, 치매 전조는 없다는데 이 무슨 조화일까.

우연히 신문에서 치매전조가 아니라 우울증 때문에 건망증이 심해진다는 기사를 읽었다. 나이에서 오는 상실감일 수도 있고, 무기력해지는 스스로의 한계에 우울해져서 기억을 놓친다는 것이다.

살다보면 스트레스는 피할 수 없는 손님이라 마주하다 보니 그 여파가 건망증으로 나타나기도 해서 기분을 추스르고 즐겁게 살려고 노력을 하라는데 말은 쉽네 싶었다.
 누군들 즐겁지 않고 싶을까. 내 건망증의 원인 제공은 사람 스트레스다. 의도치 않은 일들이 줄줄이 찾아와 신경을 긁어대니 화병이 나서 자다가도 벌떡 일어날 판이다.
 아파트 일로 엮인 사람을 같은 주민이니 최소한의 대접은 해주자 싶어 꼴같잖은 인간을 사람대접해 주었더니 '너 약 올라봐라!' 하면서 염치불구, 체면도 없이 말을 번복한다. 정말 이럴 때는 '귀신은 뭐하나! 저런 인간 안 잡아가고!' 욕이 나온다.
 상황에 따라 싫은 일도 해야 하는 게 책임이라는 이름이라 별수 없이 소송도 하고 입씨름도 해야 한다. 이 무슨, 별 볼일 없는, 시답잖은 일들일까.
 '이꼴저꼴 안 보려면 이사를 가버려야지'가 해답이다.
 사람관계에 식상해서 가급적 엮이지 말자고 했는데 아파트 살림을 맡은 일 자체가 느닷없는 봉변에 다를 바 없다. 그러니 나도 모르게 우울해져 있었을 게다. 소송이라는 게 대를 물려서는 안 될 일로 알고 살았는데 익숙한 명칭이 되어 내 머릿속을 점령하고 있다.

 악화가 양화를 구축한다는 말이 이럴 때도 통용이 된다. 하찮은 것들로 인해 화로 물들여진 뇌가 자꾸 샛길로 운전을 한다. 내비게이션을 업 시켜야 할 즈음이다. 햇살 따뜻한 날, 비타민 D를 채워야겠다.

고 장

"고장 난 시계나 라디오 고쳐요~." 골목을 누비던 구성진 목소리가 생각난다.

아침에 일어나니 팔이 움직여지지 않았다. 어제 집안 일로, 아파트 일로 무거운 상자를 몇 번인가 들었었다.

팔이 굽혀지지 않아 처음에는 당황스러웠다.

'이게 뭐지?'

하루아침에 고장 난 부속이 혼란스러웠다. 급한 대로 파스를 붙이고 주머니에 손을 넣은 채 살살 움직였다. 아들이 보더니 "엄마, 또 아파? 요즘 병원에 안 다녀?" 눈을 크게 뜬다.

내 몸 아픈 일을 식구들한테 말해 보았자 고쳐줄 수도 없거니와 신경 쓰게 하는 것도 엄마의 몫이 아닌 것 같아 '내 몸은 내가 알아서 관리하자'가 내 주장이다. 그래서 팔이 불편한 지 오래였지만 참을 만하다 싶어 시간을 끌다가 얼마 전부터 침을 맞으러 다녔는데 갈 때마다 부황을 뜨고 사혈을 하거나 침을 놓으니 왼팔은 내놓기 부끄러울 정도로 퍼렇게 피멍이 들어있다.

보는 사람마다 크게 다친 줄 알고 놀라 민망했는데 이제는 긴 소매를 입을 때라 멍자국이 보이지 않아 편하다.

"엄마, 오늘 꼭 병원에 가요."

아들은 제가 할 수 있는 '최선의 관심'을 표하고는 출근을 했다.

부리나케 집안을 치우고 서둘러 병원으로 갔다. 내 팔이 휴업이라도 선언하면 큰일 아닌가.

"팔이 피곤한가 봅니다. 어혈이 많이 고였는데요."

의사가 침을 놓고 나가면서 "날씨가 차가워지면 몸이 긴장을 해서 더 아프게 느끼게 되니 늘 팔을 따뜻하게 해주고 가급적 쓰지 마세요." 조언을 했다.

주부가 어떻게 팔을 안 쓰고 살림을 하나? 하나마나한

말을 하시네 싶어 들은 체도 않았다.

 그래도 가만히 누워 기초 치료와 뜸을 뜨면 몸이 휴식을 취하게 되는지 아주 잠깐 꿀 같은 잠을 자기도 한다. 한 시간 정도 걸리는 치료과정 동안 쉬고 나면 몸이 절로 가볍고 근육도 부드럽게 이완이 되어 움직임이 수월하다. 돈이 좋구나 싶기도 하고 확실하게 낫는 것도 아니니 더 치료를 해야 하나 갈등이 된다.

 집으로 돌아오면서 쓸쓸한 가을 날씨를 보탬으로 심란한 생각을 지울 수 없었다.

 이렇게 고장 나기 시작하는 걸까? 두통은 이미 오랜 친구고, 팔도 무릎도, 어깨도 아프다고 신호를 보내오기 시작하였다. 조금씩 망가지는 부속들.

 '고장 난 시계 고쳐요!' 하던 목소리가 환청으로 들린다.

3.
오후를 걷다

어느 때는 저렇게 정을 들이다 갑자기 가버리면 어쩌지? 하는 걱정마저 든다. 사람과의 정은 냉정하게 계산이 되어 '섭섭하다, 원망스럽다, 그럴 수는 없다' 등으로 소멸도 빠르다는데 일편단심 주인 향한 믿음과 집착 같은 사랑을 주고받은 저 작은 생명과의 이별은 오래도록 슬플 것이다.

집으로 돌아오니 내 사랑이 좋아 죽겠단다. 두어 시간의 이별이 견디기 힘들었다고 온몸으로 애정을 내보인다.

산다는 게 멜랑콜리하다.

자유?

 비 오는 날, '가능하면 마시지 말라'는 주의를 받은 커피를 마셨다.
 잠실 석촌 호숫가에 커피숍이 있는데, 그 집은 아메리카노가 고소하다. 진하지도 않고 살짝 퍼지는 향이 제법이다.
 석촌호수를 좋아하는 친구와 만나면 들르는 집인데, 당뇨가 있는 친구는 쉽게 허기가 느껴진다며 커피와 케이크 한 조각을 주문했다. 점심으로 냉면을 먹고 나온 길이라 더 허기가 느껴지는지 달디단 케이크를 맛있게 먹는다.
 중학교 시절에 만나 지금까지 네 속, 내 속 내보이며 만나는 사이다. 친구는 엊그제 전화로 나눈 얘기를 다시 물었다.

처음 듣는 양 눈을 동그랗게 뜨고 '어머!'를 연발했다.

그리고 자기가 한 얘기도 다시 했다.

"얘! 저번에 했잖아. 생각 안 나니?"

내가 지적하니 그제야 "어머 그랬니? 내가 요즘 정신을 놓고 산다."며 깔깔 웃었다.

친구는 사연 많은 삶을 꾸려왔다.

친정에서도 일방적 희생으로 고생했고, 시댁에서는 맏며느리 노릇에 스스로가 누구인지도 모르고 산다고 했다. 그냥 며느리이고, 아내이며, 올케, 그리고 엄마.

대부분의 여자들이 그렇게 산다고는 하지만 친구에게 삶은 잠시의 휴식도 주지 않았다.

스트레스에 지쳐 온몸이 병으로 찌들고 나서야 '아주 나쁜 며느리 되기'를 선언하고 욕먹는 만큼의 여유, 누림이 주어졌다.

명절에도 친정으로 식솔들 거느리고 오는 시누이가 넷인데 희한하게 그 시누이들은 본인들의 시댁으로 가지 않았다. 그이들은 무슨 복으로 그렇게 사는 걸까?

우르르 몰려드는 입들이 한 상에 앉으면 교자상 세 개를 붙여야 한다고 한다.

어느 날 왈가왈부하는 시누이들과 한바탕 입씨름을 치른 친구는 부모님 제사 때 외에는 오지 말라고 했다고 만세를 불렀다. 나는 그 자유를 축하 해줬다.

'싸가지 없는 것들'만 모아 놓은 것 같은 그 집 시누이들의 행태가 못마땅해서 "네 남편은 뭐하냐? 오빠가 한마디만 거들어도 네가 조금은 편해질 텐데." 오지랖 떨면 "잘난 한국 남자 아니냐!" 하던 친구.

머릿속도 고장이 나서 응급실로 실려가 검사를 하니 혈관이 꽈리를 틀고 있단다.

"나는 정말 스트레스 받으면 안 돼. 언제 터질지 모르니 조심하랬어."

스트레스 받으면 안 되는 사람이 어찌 저뿐일까.

남들에게 나누어지던 삶이 친구에게 가져다 준 훈장들.

갑상선 암도 지니고 산다.

기억의 회로가 느슨해진 우리의 대화가 서글펐다. 이제 '다시'라는 기회는 오지 않겠지. 그냥, 잠시라도 내 이름 석 자로 살다갈 수 있다는 게 위로가 되어야 한다.

할미꽃

새빨간 얼굴에 부스스 허연 머리털을 휘감고 있는 꽃.

초등학교 시절 국어 교과서에 할미꽃에 대한 전설이 실려 있었다.

딸들을 찾아 떠돌다 마지막으로 찾은 막내딸을 미처 보기도 전에 쓰러져 죽었다는, 그래서 무덤가에 꽃으로 피어났는데 머리가 하얗다는 할머니의 영혼 꽃.

효도를 해야 한다는 교훈적 전설이겠지만, 그 이야기가 참 슬펐다. 짧은 감상문을 쓰기도 했고 이야기를 내용으로 그림도 그렸던 것 같다.

아이들은 저마다 둥근 무덤을 그리고 그 앞에 할미꽃 한

송이를 그려 넣었다.

  선택에 따라 나는 글짓기를 택했는데 슬프고, 위에 큰딸들이 못 됐고, 착한 막내딸을 만났더라면 얼마나 좋았을까 하는 상투적인 글을 썼던 것 같다. 동그라미를 몇 개를 받았는지는 기억에 없다. 별 도장이라도 받았을까?

  봄의 전령사치고는 행색이 초라한데 외진 곳에서 드물게 피는 꽃이니 사진을 찍는 분들이 즐겨 소재로 삼는다.

  어느 때는 그 모습이 처량하기도 하고 섬뜩할 때도 있다.

  길에서 마주친 머리 허연 노파가 새빨간 립스틱을 바르고 빤히 쳐다보는 듯한 느낌. 화장이 남들에 대한 예의이기도 하지만 지나침은 아니함만 못하니 나이에 맞지 않는 짙은 화장은 기괴한 느낌을 준다.

  나도 맨얼굴을 남에게 내보이는 게 실례고 민망한 나이가 되고 보니 화장에 신경을 쓰는데 주변에서 요란한 눈화장을 한 사람을 보면 용감한 것인지 주책인지 분간이 가지 않는다. 클레오파트라도 아니고 마돈나도 아닌 어염집 부인이 그토록 짙은 화장을 늘그막까지 지우지 못하는 이유는 뭘까?

  늙음을 감추고 싶은 분장일까? 감추고 싶은 심적 본능이 보여지는 걸까?

어느 아침, 눈에 띈 할미꽃 사진을 보며 느닷없이 노파의 새빨간 입술이 떠올려졌다.

허리 굽은 할미꽃의 처연함. 이 씁쓸함은 동병상련의 애잔함이다.

무덤덤

책 표지를 보여주면서 사장은 내 눈치를 살폈다.
"응! 깔끔하네요."
썩 마음에 든다는 호들갑을 보이지 않자 그의 안색이 어두워졌다.

마음에 들고, 안 들고를 떠나 처음 느낌은 흔하다는 익숙함이었다. 어디선가 본 것 같은 그저 그런 보통의 느낌.

푸른 계통의 색깔을 좋아하는 내 취향과는 상관없이 따뜻한 색상이 많이 들어간 10년 만의 세 번째 작품집은 '아, 좋다!' 없이 그렇게 만나졌다.

며칠이 지나자 표지에 시큰둥한 반응이 마음에 걸렸는지

사장은 "마음에 안 드세요?" 하고 물었다.

"안 들어도 이제 와서 어쩔 건데?"

우스갯소리로 반문하면서 둘이 깔깔 웃었다.

사장의 우려와는 달리 나는 자꾸 표지에 눈이 갔다. 내용에 상관없이 표지를 들여다볼수록 나를 닮았다는 생각이 들었다. '그냥 나 같다'는 느낌.

내 속을 들여다 본 지 수년 여가 지난 시인이시니 그분의 시선에 비친 내가 사진처럼 찍혀 있는 게 이번 책의 표지가 아닌가 싶었다. 선 하나에도 정이 가고 컬러로 그려진 스케치는 소유의 욕심이 일었다.

나오시마의 호박을 그리신 펜 끝이 정겹다.

까만 방의 스케치는 또 어떻고….

책을 받으신 분들의 화답이 행복한 요즘, 나를 닮은 표지가 살포시 웃는다.

무덤덤한 내가 미안해졌다.

오후를 걷다

 우체국은 시장입구를 지나 잠시 시간이 멈추어 선 듯한 골목을 지키고 있다. 내 걸음은 늘 우체국에서 멈추어지기에 건물을 지나 골목 안의 풍경을 들여다 본 일이 없다. 시장통의 번잡함이 싫어 재바른 걸음으로 일을 마치고 서둘러 돌아오곤 하는데, 어제는 느긋하게 시장 구경을 하고 골목 안을 기웃거렸다. 닿을 듯 마주 선 두 집 사이로 골목은 길게 이어지고 집집마다 문 앞에 화분을 내어놓아 꽃이 웃고 있었다.
 '천사의 나팔'이라는 얼굴 큰 하얀 꽃이 유난히 많이 피어있어 누군가의 부지런한 손길이 골목을 채우는구나 끄덕여 본다. 기웃거리는 내게 어느 집에선가 강아지가 쪼르르 튀어나와 다가오더니 킁킁 냄새를 맡는다. 몸집이 작고 순해 보여 '예쁘다' 쓰다듬어주니 낯선 사람임에도 꼬리를 치는데 눈이 보이지 않는 것 같다. 두 눈이 다 하얗게 막이 씌워진 강아지는 머리를 내게 부비며 킁킁거렸다. 주인인가 확인하는 걸까?

멀리서 할아버지 한 분이 "멍이야!" 이름을 부르자 강아지는 제 자리에서 애타게 끙끙 소리를 내며 주인을 기다린다. 주인이 품에 안아 올리자 반기는 모양새가 애절하기까지 하다.

작아서 어린 강아지인 줄 알았더니 15살이나 된 노견이라고 했다. 백내장에 걸려 눈이 보이지 않는다고 주인은 애틋한 눈빛으로 강아지를 얼렀다. 한 번 더 쓰다듬고 돌아서는데 주인이 "정말 예쁘지요?" 했다.

"네, 잘 키우셨네요. 멍이야 잘 살아."

멍이라 불리며 15년을 살아 온 개 한 마리가 생면부지의 두 사람을 잠시나마 친한 이웃처럼 이야기를 나누게 했다. 내가 키우는 개와 같은 종(種)이라 시선이 가기도 했지만 경계심 없이 다가와 꼬리를 흔든 건 그 개가 사랑을 받았다는 증거다. 학대를 받은 개들은 절대로 사람 가까이에 오지 않는다. 멍이는 주인에게 오롯이 사랑을 받으면서 개의 수명을 채우고 있다. 15년 전후를 사는 개들이기에 눈까지 보이지 않으니 얼마나 더 살지는 모르겠지만 저렇게 애틋해 하는 주인의 품에 있으니 얼마나 다행인가.

학대받고 버려지는 수많은 동물들의 딱한 사정을 보고 듣노라면 인간처럼 잔혹하고 고약한 생명체는 다시없지 싶다.

11살이 된 우리 집 강아지도 요즘은 움직임이 둔하다.

펄쩍 뛰어오르던 침대를 오르지 못해 작은아들 침대 가에서 올려 달라 끙끙대니 잠결에 올려주면, 좋다고 주인의 품을 파고든다. 조용해서 들여다보면 아들과 개는 사이좋게 머리를 마주하고 잠이 들어있다.

어느 때는 저렇게 정을 들이다 갑자기 가버리면 어쩌지? 하는 걱정마저 든다. 사람과의 정은 냉정하게 계산이 되어 '섭섭하다, 원망스럽다, 그럴 수는 없다' 등으로 소멸도 빠르다는데 일편단심 주인 향한 믿음과 집착 같은 사랑을 주고받은 저 작은 생명과의 이별은 오래도록 슬플 것이다.

집으로 돌아오니 내 사랑이 좋아 죽겠단다. 두어 시간의 이별이 견디기 힘들었다고 온몸으로 애정을 내보인다.

산다는 게 멜랑콜리하다.

태국나들이

1.

2013년 12월 3일, 반정부 시위로 시끄럽다는 태국행 비행기를 탔다.

갈까, 말까로 속을 끓이다 아무 염려 말라는 여행사의 말을 믿고 짐을 쌌다. 수많은 여행지 다 놔두고 하필 태국으로 정했을까 웃음이 났지만 이도 인연(?)이다.

걱정 많은 문우도, 우짜든가 가보자 하는 문우도 환하게 웃는 얼굴로 공항을 점령하셨다.

여행을 떠나기 전의 설렘이 나는 좋다. 공항으로 들어서는 순간, 무언가에서 놓여나 자유를 얻는 희열을 느낀다.

어딘가로 떠나는 사람들의 설렘이 전해져 오고 특혜라도 받은 듯 면세점을 기웃거리는 눈 호사가 즐겁다.

시중에서는 쉽게 지갑을 열지 않았을 품목에도 홀린 듯 사들이는 지름신의 강림. 면세라는 사탕발림에 쇼핑은 달다.

지난번 하와이 여행 때 사지 못했던 이것저것을 홀린 듯 사들인다. 쇼핑의 쾌감은 잠시 '부자가 된 듯한 착각을 가져다준다. 그래서 쇼핑중독이라는 병도 있는가 싶다.

기내에서도 쇼핑책자에 코를 박고 앉아 리스트에 체크를 하고 상냥한 스튜어디스 아씨에게 주문서를 내민다. 아씨는 돌아가는 비행기에서 물건을 내준다고, 덤으로 인형도 주겠다고 예쁘게 웃었다.

6시간여의 비행 끝에 방콕공항에 내렸다.

현지가이드를 만나고, 우리와 같이 여행할 다른 팀과 합류했다. 젊은 여인네들이 8명이다. 남편들끼리 동창이란다. 마나님들만 여행을 보낸 그 남편들. 착한 남편들인 게다.

그네들은 우리 팀이 나이가 많다고 여행 내내 버스 앞자리도 양보하고 군말이 없었다. 오히려 시끄럽고 작은 소란이 따라 다닌 건 우리 팀이다. 그네들은 둘씩 앉아 속닥속닥 이야기 나누고 하하 호호 웃는데 우리 일행들께선 한 칸씩 자리잡고 '와~ 편하다!'를 만끽했다. 사실 여행에서 버스를 이리 편하게 타고 다닌 건 처음이었다. 착한 '한진'이다. 사람 수에 맞춰 작은 버스를 내주면 고생이었을 텐데 다행히 큰 버스가 나와 더없이 편한 여행을 할 수 있었다.

현지가이드는 "뻔데기 뻔이에요." 하던 미쓰 뻔이, 한국가이드는 이제껏 만나보지 못한 '백여시'가 맡았다.

백여시가 말하기를 방콕은 시위로 피해야 하니 비만맥 궁전과 아난다사마콤은 갈 수 없어서 새벽사원과 왓포사원으로 대신한단다. '구름 위의 집'이라는 비만맥을 못 가는 게 아쉽지만 어쩌겠는가. 티크나무에 금을 입힌 세계에서 가장 큰 티크목조 건물이라는데, 상상으로 그쳐야지. 누가 아나? 다음에 가보게 될지.

백여시의 짜랑짜랑한 목소리에 귀가 아플 때쯤이면 버스에서 내려 뾰족뾰족하고 화려하기 그지없는 사원들 눈 아프게 구경하고 파타야로 이동하면서 코끼리쇼와 이러저러한 쇼들을 심란하게 구경했다. 심란이란, 코끼리들을 사정없이 찔러대는 조련사들의 쇠꼬챙이가 슬펐고, 태연하게 동물학대를 하는 코끼리를 숭상한다는 국민들의 이중성이 노여웠다. 코끼리의 눈빛이 그리 처연하게 슬플 줄 몰랐다.

관람객들에게 코끼리 사료용 바바나를 팔던 예닐곱 살 아이들의 깡마른 몸집들. 산다는 건 어디서든 고행이다.

　숙소로 돌아왔다. 고급 숙소 '가든클럽'이다.
　한국인들에게는 필요이상의 벨 보이들이 달려든다고 백여시가 쫑알댔다.
　가방을 방까지 갖다 주고 받는 팁이 그들의 부수입이다.
　누군가의 삶에 작은 기름칠이 될까. 1달러짜리 지폐가 희미하게 웃었다.

2.

　그저 그런 관광지 패스하자는 가이드의 꼬드김에 다 같이 스파를 하기로 했다.
　악어농장 가보았자 징그러운 악어 떼들 보면서 누구 입이 더 큰가 대 볼 일도 없고, 가만히 앉아 '오매, 파도가 참말로 높으요?' 할 일 밖에 없는 산호섬으로 가느라 스피드 보트 타고 경기할 일도 아니니, 위험하고 멀미하는 고생 굳이 사서 하지 말고 스파를 즐기라는 백가이드의 잔머리에 양심적인 우리 일행들이 그러자고 했다.

한 사람이라도 참가하지 않으면 다 같이 할 수 없다는 협박에 일행들에게 민폐가 될까 거금 70달러를 강탈 당했다.
대차게 '아니 하련다!' 해도 되지만, 같이 움직이는 특성상 '우리는 따로 놀래!' 하기는 난감한 상황이다.
한국형 목욕탕 때밀이 수준인 그 스파. 70달러는 확실히 바가지요금이고 가이드의 뒷주머니를 채워준 꼴이다.
2명씩 짝을 지어 쑥스럽게 나체를 다 보여주고 때 밀고(필링효과~), 거품+우유 목욕(우유는 딱 500cc 한 조끼), 그리고 마시지라고 조물락조물락. 체구가 작은 그네들이라 기술껏 한다고 해도 미진한 기분은 어쩔 수 없다. 팁은 어지간히 바라는 동네니 손님이 만족했거나 말거나 두 눈 동그랗게 뜨고 내 손만 바라보는 그네들. '니네들 우리 동네에 와서 때 한 번 밀어 봐라!' 소리가 절로 나온다.

어쨌든 찜찜한 호강 했네 실실 웃으면서 파인애플 농장으로 이동했더니 이 약은 가이드 "제가 사는 거예요!" 갖은 공치사로 파인애플 한 접시씩 안긴다. 한 조각씩 맛보려니 죽어라 달려드는 파리와 전쟁이다. 징그러운 파리들. 겨우 입맛 다시고 일어나 무 심어 놓듯 줄을 세워 심긴 파인애플들의 삐죽한 면상들 구경하고 나오는데 다른 여행사에서 온 객들이 한바탕 파리와의 전쟁을 치르고 있다. 그이들의 과일 접시는 그야말로 호화 모둠. 파인애플, 용과, 파파야…. 보는 사람이 민망하다. 꼴랑 파인애플 한 가지로 입맛 다시게 한 가이드가 얄미웠던 순간이다. 차라리 '네 돈 내고 사먹으라' 했으면 양껏 실컷 먹었을 텐데, 시키는 대로 하는 이 순진이 문제다.

에어컨 빵빵한 곳에서 쇼를 보려니 절로 움츠러든다. 성전환자들로 구성된 알카자 쇼에서 노래하고 춤추는 그들을 보노라니 징그럽다는 생각이 든다. 몸매는 낭창하나 윤곽과 소리는 남자다. '하××'들이 떼로 나와 여자인 양 교태로 일관하니 차라리 불쌍해 보인다. 죽을 때까지 게이 쇼에서 일하고 때로는 매춘도 한단다. 직업으로 생각하고 어릴 때부터 준비를 하는 경우가 많다고 하니 무슨 잘못된 조화인지. 쇼가 끝나고 밖으로 나오니 출구를 막고 단체로 서서 사진을 찍으라며 호객을 한다. 가슴이 터질 것 같은 육중한 몸매들이 대다수다. 좋다고 브이 자 그려가며 사진을 찍는 사람들. 나는 꿈에 볼까 무섭다.

쇼가 끝날 때쯤 아리랑에 맞춰 부채춤을 추는데 참, 그 복장이라니. 하녀들의 재롱 잔치를 본 듯.

그리고 가짜 싸이가 나와 강남스타일을 외치며 오두방정을 떨었다. 관광객들의 대부분인 한국 사람들에게 아부를 한다고나 할까. 하긴 코끼리들도 강남스타일에 맞춰 몸을 흔들었었다. 쓸쓸한 상혼이다. 최고의 규모와 수준을 자랑하는 쇼라는데 차라리 아니 본 만 못하다.

3.

어언 4박 5일의 여정이 끝물이다. 그런대로 느긋하게 움직인 여행이라 피곤도 덜하고 마음도 여유롭다.

사원에서, 쇼장에서 잠시 사라지셨던 우리 '~짜기마마' 때문에 '흐미 우짜노!' 했었지만 그도 추억이다.

마지막 날이라고 백여시가 꼼수를 총동원했다.

"사면 좋고, 아님 말고" 하면서 쇼핑센터로 앞장섰다.

꼭 가야한다는 태국정부의 압력이 있다는 보석센터는 그 규모가 입이 딱 벌어지게 한다. 휘황찬란한 보석들. 여인네들의 마음을 아프게 한다.

누군가는 2천만 원 어치를 사갔다는데. 나는 2백만 원

어치도 버.겁.다.

"아들 장가보낼라믄 반지 하나라도 사야지?"

걱정도 팔자셔….

눈치가 백단인 백여시가 '그냥 눈도장 찍고 가면 돼요' 하면서 보석과는 무관한 우리 팀을 서둘러 몰고 나와 주었다. 시간도 빠듯하다고 종종 거리니 구경도 급했다. 자태 고왔던 우웃빛 옥반지가 눈에 선하다.

우리들에게 가장 손쉬운 쇼핑은 역시 먹을거리다. 말린 과일에 꽂힌 우리 아줌씨들. 저마다 한 자루씩 들었다. 지난번 하와이에서는 이상하게 특산물 상점에도 말린 과일이 없었다.

어쩌다 들른 월마트에서 망고 몇 봉지를 샀기에 아쉬웠는데 태국은 열대과일의 천국 아닌가. 입맛대로 망고, 파파야, 파인애플, 코코넛을 공짜인 양 골라 들었다. 그리고 계산서는 눈 한 번 크게 뜨게 했다.

여행은 비움이고 다시 채움이며 내 영혼의 호사다.

어느 날, 다시 떠남을 꿈꾸면서 돌아오는 길에는 기다림이 놓여 있다.

몽실이의 히스테리

한겨울 내 바깥 구경을 제대로 못한 몽실이가 제 장난감 인형을 물어다 패대기를 치더니 와구와구 물어 댄다.

아침에 일어나면 베란다로 쪼르르 나가 기온을 감지하는 것처럼 코를 킁킁 거리는데 용하게 기온이 오른 날에는 나를 쳐다보는 눈빛이 다르다. '오늘은 나가고 싶어요!' 하듯이 애절하기까지 하다. 아침 준비에 바빠 모른 체하고 내할 일을 하면 아들녀석들 방을 차례로 돌며 움직임을 감시한다. 하는 짓을 보니 아이들이 나갈 때 잠시 열리는 현관문을 빠져나가려는 궁리다. 멀리 가지는 않지만 복도 끝까지 내달렸다가 오빠들이 엘리베이터를 타고 내려가는 것을 확인하면 꼬리를 내려뜨리고 집으로 들어온다. 남편은 굳이 문을 열고 서서 "몽실이 바람 쐬고 와라!" 인심이지만 발을 닦아줘야 하는 나는 성가실 뿐이다.

"문 닫을 거야, 안 들어와!"

말은 잘 알아들어서 후다닥 들어오는 걸 보면 안쓰럽고 측은한데 개 시중을 드는 일도 그리 만만치는 않다. 집안일 대충하고 변봉투며 물병들을 챙겨서 데리고 나가면 두어 시간을 돌고 와야 하는데 '하고 싶은 대로 내버려 두자'가 산책의 목적인지라 가는 동안 수시로 걸음 멈추고 풀냄새를 맡거나 용변을 보고, 또 치우고 하면서 느린 걸음을 걸어야 하니 내 운동에는 하등의 도움도 되지 않는다. 완전한 개시중일 뿐이다. 가다가 만나는 견공들과 인사라도 나누는지 서로 킁킁 대다가도 뭐가 못마땅한지 순식간에 아르릉 짖으며 격투기를 시도할 때는 개 주인끼리 기겁을 하고 떼어놓으며 웃는다. 자주 만나는 푸들양은 옷도 공주 차림인데 유난히 앙앙거리면서 둘이 신경전을 벌인다. 주인은 "우리 보리가 앙살이 심해요!" 먼저 미안해한다. 내가 보기에 시비는 몽실이가 먼저다. 웃기는 게 개도 보는 눈이 있는지 제 마음에 들면 한참을 킁킁 거리면서 서로 호의를 표시하는데 마음에 들지 않는다 싶으면 사정없이 눈을 부라리고 달려든다. 몽실이는 털색깔이 흰색이라 그런지 검은 털색을 질색을 한다. 검정개가 다가올라치면 벌써 전투태세다. 짧은 다리에 힘을 주고 버티면서 아릉아릉 소리가 요란스럽다.

어쨌거나 만족했겠다 싶을 때쯤 돌아오는데 체력이 방전이라 6kg 몸무게를 사이사이 안고 와야 한다. 아니면 길바닥에 배를 깔고 누워서 미동도 않는다. 오지랖 아줌마들이 지나가며 "에그, 힘들구나! 엄마 안아 주세요~." 한마디씩 던지니 동물학대범이 되지 않으려면 팔이 떨어져 나가라 모시고 와야 해 개 시중 12년에 오십견이 도질 판이다.

벌써 2주나 지났는데 콧바람 쐬 줄 생각을 않는 주인에게 불편한 기색을 보이느라 털이 다 빠진 토끼인형을 물고 다니며 패대기를 쳐대니 그 꼴이 가관이다. 주인이 감기로 앓든 말든 이렇게까지 가둬두는 건 너무하지 않냐고 눈빛이 사납다. 어제는 느닷없이 양말을 벗기려 들며 심술이어서 야단을 쳤더니 무조건 예쁘다하는 작은아들 방에서 아침이 되도록 나오지 않고 시위를 했다. 곧잘 그 방에서 잘 노는 편이라 내버려두었더니 눈물이 그렁해서 야속하게 바라본다.
 내 감기가 어지간해졌으니 날 풀리는 대로 모시고 나가야 할 것 같다. 몽실이의 히스테리가 사랑스럽다. 못생겨서 귀엽다는 견종이다. 내 말을 알아들으면 몽실이가 '못생긴 주제에 사랑스러워서 죄송합니다.'라고 대꾸할 것 같다.

세월호의 눈물

스산해서 더 서러운 날들이다.
구차한 목숨이라 욕지기가 치밀고, 차마 놓아지지 않는 목숨들이라 눈물만이 강이 되어 흐른다.
가엾다. 안타깝다.
어느 누군가의 심장이었던 그대들. 도려내진 심장을, 그 고통을 안고 살아있어야 하는 참담한 목숨을 어떻게 감당할까. 눈물이 말랐다는 말, 이제야 알 것 같다.
징한 파도소리가 뼈에 시리다.
전지전능하신 신이라시더니, 그 두려움을 안아는 주셨을까. 무서워마라 손이라도 잡아 주셨는가. 꽃잎 같은 그대들. 차마 눈을 들어 쳐다보아지지 않는다. 이 서러움을, 이 통한을, 이 징한 억울함을 어디에 버려야 하는 걸까.

하루와 또 하루, 암담하고 처절한 봄이 지나가고 있는 즈음이다. 다 못한 이야기들, 두고 가야 하는 일상들…. 그마저 집단의 이익을 위해 무기로 휘두르는 미친것들의 봄도 같이 지나가고 있다. 오랜 상처로 남아 지워지지 않을 이 시린 기억들이 무거워서 자꾸 숨고만 싶다.

나오시마 여행길에 들렀던 까만 방의 기억 그리고 하얀 방. 꽃잎 같은 아이들아. 하얀 방으로 가렴. 한 평생 고단했던 삶, 잠시 쉬고자 했던 누군가의 부모이고 자식이었던 당신들도 찬란한 빛이 되소서.

치욕스러운 대한민국의 하루가 무심히 이어진다.

이제 눈물을 닦고 싶다. 등 토닥이며 서로에게 위로 전하면서 꽃잎으로 채우고, 향 짙은 바람으로 채운 시간들을 훌훌 떠나보내고 싶다.

어느 소설의 제목이었지. '살아남은 자의 슬픔'이라고.

시린 봄이다. 때 아닌 눈발이 날렸다는 5월의 하루. 눈물 같은 빗물이 하루를 지우고 있다. 살아있음이 정녕 죄스럽고 참담해서 웃음조차 죄인 듯싶다.

맞춤형 자선

　세모의 거리에 자선냄비가 등장했다. 그냥 지나치기에는 왠지 미안한 종소리와 빨간 냄비.
　아주 어린 시절 냄비에 동전을 넣은 일이 있었다. 구세군 아저씨가 빙긋 웃어주었는데 부끄러워서 얼른 뒤돌아섰다.
　내 깐에는 과자와 냄비 사이에서 적잖은 갈등을 했을 것이다. 그래도 마음이 흐뭇해서 집에 돌아와 오빠에게 "나 오늘 자선냄비에 돈 넣고 왔다!"라고 자랑을 했다. 그깟 동전 한 닢을 넣고 뿌듯했던 기억. 그런데 지금은 갈등도 없고 뿌듯한 만족감도 잊혔고 그저 심드렁하게 종소리를 못들은 체, 냄비를 못 본 척 걸음을 옮긴다. 며칠 전에 버스 정류장에서 노숙자인 듯 한사람이 천원만 달라고 했다. 나는 대뜸 "없어요." 그랬다. 그는 두 말 없이 제 갈 길을 갔다.
　바람이 많이 부는 차가운 날씨였다. 그이가 몇 번인가 뒤돌아보며 멀어져 가는데 '아차' 싶었다. 천원을 주고 말걸. 천원으로는 주린 배를 채울 무어라도 사먹을 수 없을 텐데. '없어요!' 한 나는 왜 이렇게 야박한 걸까. 버스정류장에는 서너 명의 사람이 있었는데 그이들 모두 거절했을까. 주변에는 스마트폰에 넋을 뺏긴 사람들뿐이었다. 저마다 무엇인가를 들여다보고 귀에 이어폰을 꽂고 있어 남의 일에는 관심조차 없는 표정들이었다. 그이는 유일하게 멍청하게 서 있는 내가 만만했을까. 말 붙이기에 쉬워 보여 손을 내밀었을까. 버스를 타고 목적지까지 가는 동안 내내 마음이 불편했다. 흘깃 돌아보던 그이의 모습이 눈에 밟혔다. 한 번 더 달라고 해볼 것이지. 입을 가리고 우물쭈물 말하던 모습에 얼핏 앞니가 없었다는 기억도 떠올랐다.

　오래전에 지하철을 빠져 나가는데 계단을 막아서며 "배가 고파 그러니 천원만 주고 가세요!" 하던 젊은 사람이 있었다. 작정을 하고 길을 막아서던 서슬에 군말 없이 천원을 주고 비켜 갔었다. 중년의 여자들을 겨냥한 구걸이었다. '엄마'들의 동정심을 자극하거나 겁을 주어 쉽게 돈을 얻어 내는 수작이 괘씸했다. 그이후로 노숙인들에게 돈을 주지 않았다. 돈을 받으면 음식대신 술을 사먹는다는 소문도 있었고, 전동차 안에서 구걸을 하는 사람들이 수입이 많아 실제로는 부자(?)라는 말과 TV에서 구걸인들의 거짓 행태를 밝히기도 해서 생긴 모난 인심이었다. 그런데 그날은 하루 종일 마음이 편치 않았다. 내 야박한 행동이 목에 걸려 그저 미안하고 가슴이 아렸다. 눈길 닿는 자리마다 찬바람이 일었다. 가증스러운 후회 아닌가.

매스컴에서 '맞춤형 자선'이라는 표현을 했다. 필요해서 손 내미는 작은 요청은 무시하고 드러나는 커다란 자리에는 줄을 선다는 질책의 표현이다. 언젠가 부하직원을 폭행하고 '매 값'이라며 수표를 던져준 위인이 유명대학에 거액의 장학금을 희사하고, 횡령으로 신문지면을 장식한 인사는 불우이웃돕기에 거액을 희사했다고 한다. 안 하는 것보다는 낫겠지만 그들이 약자를 밟아대는 취미를 가진 인성들인지라 카메라 앞에서 히죽 웃는 얼굴이 역겨울 뿐이다. 뒤에는 사회봉사상, 뭐 그런 종류의 상도 받는다고 한다.

  하긴 자선냄비에 돈을 넣는 행위도 남들의 시선이 있기에 더 많이 넣어진다고 하니 그 정도의 유세는 눈감아 주어야 하는 게 아닌가 모르겠다. 해마다 익명으로 큰돈을 넣고 가시는 그분들의 자선이 맞춤형이 아닌 게 그마나 추운 날 한 줄 따뜻한 소식이라 '고맙습니다.' 인사를 드리고 싶다.

김 장

해마다 행사로 치르는 김장.

올해도 해남배추 공수해서 후다닥 해치웠다.

그나마 절임 배추를 구입했으니 반일은 덜어 김장이랄 것도 없다. 아침부터 사부작사부작 무며 양념거리들을 씻고 다듬어서 장만하니 초저녁이다. 친절한 '남의 편'이 서둘러 퇴근을 하고 와서 거든다고 부산스럽다. 어깨가 뻐근해서 무 채 써는 일이 걱정이었는데 웬 떡이냐 싶어 채칼을 쥐어 줬다.

아침에 저녁식사를 해결하고 늦게 오라고 했는데, 딴에는 도와준다고 일찍 온 모양이다. 일 중간에 식사를 차리고 치우는 게 귀찮아서 한 말이었는데 부지런히 저녁밥 시간에 맞춰 들어왔다.

"당신도 일단은 먹을 거잖아?"
"혼자야 차리고 말고가 어딨어? 대강 먹고 치우면 일이 쉬운데…."
은근히 짜증이 났다. 국이 있어야 하고 반찬도 서너 가지는 있어야 하고. 오늘은 수육준비도 하지 않았는데 아마도 김치속 양념에 배추로 싼 삶은 고기를 기대 했었나 보다. 궁여지책으로 햄을 썰어 구워주었다. 나름 맛이 있다고 입맛을 다신다.
"어머니는 당신 때문에 어지간히 귀찮으셨을 거야."
"왜?"
"먹는 일에 요구사항이 많으니 그 시절, 식구도 많은데 당신이 요거 조거 했을 테니 얼마나 힘드셨겠어?"
"안 그랬어. 동생들 때문에 체면 차리느라 나는 못 얻어먹은 편이야."
하긴 장남이라 체면 차리기에 급급하고 남의 생각 끔찍한 성정이니 제 앞에 놓인 떡 그릇에도 손을 대지 못했을 사람이다.

  신혼 초에는 식사준비가 늦으면 짜증을 내거나 버럭 화를 내곤 해서 처음에는 배고픈 걸 못 참는 습관이 있다는 걸 모르고 같이 화를 내며 다투고는 했다. 그때는 내가 마른 시절이라 먹는 일에 관심이 없었다. 관심이 있다고 해도, 집에서 해주는 대로 먹고 산 처녀 시절의 습성으로 식사준비나 간식준비에 정성을 들이지 않았다. 매일 정성을 들인 밥상을 기대하는 새신랑의 눈에 할 줄 모르는 반찬이 입에 맞지도 않았을 것이고 너무 양이 적어 고양이 밥 주냐고 화를 낸 적도 있었다.

  나는 이틀을 먹지 않아도 될 것 같은데 한 끼만 굶어도 죽을 것 같아 하는 남편이 버거웠다. 그래서 닭쌈하는 부부처럼 먹는 문제로 전쟁을 치른 세월이 한참이었다.

  이제 적당히 길들여진 남편과 아내로 먹는 일도, 장만하는 일도 꾀가 말짱하니 다툴 일도 없고 새삼 몸매 걱정해서 먹을 것 마다하지 않는 현실이라 부부의 대화 속에는 늘 무엇을 먹고, 장만하고가 빠지지 않는다. 특히 매실청이며 무청 말리기, 우엉, 연근 등 자연식에 관심이 많은 사람이라 집에서 하는 만들기에 적극적으로 참견을 한다. 그러니 김장이라는 겨울철 반양식 마련 일은 큰 행사가 아닐 수 없다. 매스컴에서 배추 소식이 들리면 눈을 반짝이고 마늘 값에 걱정을 내비친다. 참 다정하기도 하지…. 나는 그저 귀찮고 힘들고, 번거롭다.

아이들도 집에서 밥 먹는 일이 점점 줄어들어 지난해에 한 김장김치가 아직도 남아있다. 해서 이번에는 양을 줄인다고 하니 서운한 눈치다. "찌개를 하면 되는데 그냥 하지." 하는 소리에 불만이 가득이다.

'엄니. 엄니께서는 장남 밥그릇을 小자로 쓰셨남요? 우째 저렇게 質보다 量인지요??'

남편의 무 채 써는 기술은 장족의 발전을 해서 내가 잠시 허리 편 사이에 무 채 동산을 만들어 놓았다. 올해 김장이 온 동네에 냄새를 풍기며 마무리 되었다.

아니면 말고

  신문 기사에 근처 학교 배정을 놓고 학부형들이 가난한 이웃과 섞이는 게 싫다고 교육청에 몰려가 항의를 하는 등 법석을 떨었다고 한다.

  금쪽같은 내 새끼들은 남의 집 금쪽들과는 차원이 다른 금쪽이라는 발상인 걸까. 하긴 나도 학군 따라 이사 다닌 전력이 있으니 남들의 교육열을 왈가왈부할 처지는 아니다. 나만 잘하면 되는 공부를 왜 이웃 탓하는 걸까. 그이들의 주장대로 급이 달라서 수준이 낮아진다면 뭐 덕분에 내신은 오르는 게 아닐까. 잘하는 아이들이 모인 어느 동네는 한 문제를 틀리면 내신이 두어 등급이 떨어진다고 하던데 그렇게 쫓기는 추월전이 아이들에게 어떤 부담이 되는지는 생각들을 않는 것 같다.

우스갯소리로 산후조리원에서 시작한 끼리끼리의 모임이 유치원과 초등, 중, 고등학교 그래서 대학교까지 이어지면서 그들만의 세상을 즐긴다고 하는데 실제로 그렇게 살아가는 지인들도 있으니 그 테두리에서 밀려나오는 예기치 않은 삶은 상실 이상의 패배감을 맛보게 해서 극단의 선택을 한다는 믿거나 말거나의 진실도 있다.

친구는 시댁이 서울 근처 지방이었는데 그 시절에 시부모님이 자녀들을 광화문 한복판에 있던 '국민학교'를 보냈더라고 혀를 내둘렀다. 물론 재력이 있는 집안이기는 했지만 농사가 대세이던 시절에 대학교도 아닌 초등학교부터 서울 유학을 감행하셨는지 대단한 교육열이셨다고 요즘 같았으면 해외로 내보냈을 거란다. 그래서인가 그 집 자제분들은 명문대들을 나오긴 했는데 부모덕에 일찌감치 강남에 자리 잡았던 손자세대들은 명문대에 들어갔다는 소리를 듣지 못했다.

그 옛날 친정엄니께서도 광화문에 있던 유명 국민학교

에 우리 남매를 전학시키셨다.

  구청인지 동사무소였는지 전학증을 떼 주던 아저씨가 "이 학교 다니려면 공부 잘해야 한다!" 하셨던 기억이 있다. 철없는 아이에게 그 소리가 무슨 소리인지 알 턱도 없고 동네 지기(地氣)를 밟아 마주 보고 있던 'ㄱ'여중에 들어가라는 숨은 뜻이 있었는지는 모르겠지만 서대문구 운동장 드넓던 학교에서 옮겨진 내게 이 학교는 운동장이 없어서 답답하기 그지없었다. 전교생이 조회 한 번 서기도 언감생심이라 홀짝으로 돌아가며 조회를 서고 행사를 치렀으며, 한 반 인원수는 100명이 넘었다. 그래서 나는 국민학교 친구는 누가 누구였는지 희미한 기억 속에 한 컷일 뿐이다.

  전국에서 수재들이 몰려들던 앞집 여중은 인원수를 따지자면 전국 국민학교 전교 1등으로 채운다고 해도 정원이 넘는다. 해서 입시경쟁이 치열했던 시절이라 어느 학교에서 몇 명을 입학시켰는지가 신문에 대서특필이 되고는 했었다. 치맛바람이라는 유행어도 만들었던 'ㄷ'국민학교에서는 합격생이 늘 선두였다. 한 반 100명 중에 두어 명이 들어가도 전체 학급이 20반을 헤아렸을 때니 여중, 남중을 통털어 수십 명의 합격생을 내고는 했다. 그 잘난 학교에서 앞집으로 건너가지 못한 죄로 나는 지인에게서 이 나이에 공부 못했다는 지청구를 들었다. 서울사람들만 아는 이름도 생소한 2차로 진학을 하고 동일계 진학을 한 탓으로 내 인생은 2등급으로 분류된다. 그러고 보니 대학도 2차였네.

 가난한 이웃과 섞이기 싫은 잘난 분들의 이기심을 아주 조금 이해를 해본다.
 아주 오랜 후유증을 남기는 일이니 지금 억지를 부리더라도 금쪽같은 내 새끼들 금테 두른 안전지대에서 잘 키우시다 "나 명문 출신이랍니다." 하고 자손대대로 자랑하기를 바란다. 세상은 요지경이고 세태는 이미 줄서기가 다반사가 되었다.

제멋에 사는 맛

 산골짜기에 사는 사람들을 찾아가 '여기 이렇게 사는 사람도 있다네!' 하는 방송 프로그램이 있다. 덕분에 남들이 어떻게 살든 알바가 아니지만 그야말로 심심산천에서 세상사 잊고 사는 사람들의 하루는 어떨까 들여다 볼 때도 있다.
 '시골에 가서 살 거야!'를 노래하는 남편은 지대한 관심을 갖고 그 모습들에 자신을 동일시하며 고개 주억거리고 혼잣소리로 말참견도 하니 지켜보노라면 모노드라마가 따로 없다.

나는 간혹 기인에 가까운 사람들의 사연을 보면 '팔자'다 싶고, 눈 뜨기 무섭게 일을 시작해서 해 지도록 허리 구부린 부부의 모습을 보면 그네들이 '행복해요!' 하는 게 '정말 그럴까?' 의심을 한다. 온갖 효소들을 만들어 놓고 나물, 채소에 곁들인 식사로 건강을 찾았다는 간증(?)에도 건강하기 위해서 귀양살이(!!)하는 거나 다를 바 없다는 생각은 흔들리지 않는다.

내 살던 자리에서 큰 탈 없이 그럭저럭 살아내는 것도 나름 내 복이라는 지론을 남편은 무의미하다고 하는데 의미를 찾아 산골로 들어갈 생각이 없으니 이 평행선은 만나지기나 할는지.

어제저녁에는 노부부가 사는 외딴 집을 보여주는데 이집 영감님은 간 큰 남자가 따로 없다. 나이가 들어 거동도 불편한 마나님에게 하루 세 끼를 차리게 하고 밥상머리에서 음식 타박으로 리모컨을 누르듯 아내를 심부름 시킨다. 국이 짜니 물을 부어라, 물김치가 싱거우니 소금을 쳐라, 간장이 있어야겠다. 얼른 간장을 가져와라.

부엌에 식탁이 있는 것도 아니고 안방에 밥상을 차려 들여야 하는 데도 아랑곳없이 종종 걸음을 치게 한다. 밉상도 저런 밉상이 있을까. 보는 내가 부아가 치밀었다.

점입가경으로 오랜만에 장을 보러 나간 외출 길에 아내가 "한 그릇 사먹고 갑시다." 하는데도 이 영감님은 집에 가서 밥 먹자고 들은 체도 않더니 기어이 집에 와 밥을 짓게 한다. 새로 지은 밥과 찌개, 반찬들. 입에 맞는다고 흡족해 하는 표정에 그 마나님의 체념한 모양새가 웃음이 난다.

남편에게 "시골가면 내가 딱 저렇게 살겠네!" 했더니, "에이~ 아니다! 그래도 나는 장에 가면 하다못해 짜장면이라도 사먹자고 한다."

참 감사하기도 하지.

시골 영감님은 '다시 태어나도 지금의 부인을 만나 살고 싶은가?'라는 질문에 '당연히 그래야지'라고 했고, 마나님은 '누구를 만날지 어찌 알겠소?' 여운을 남겼다.

아내의 답에 화를 내던 그분. 당신은 지극히 사랑하는 아내와 영원히 잘 살고 싶다고 했다.

역할을 바꿔 살라고 해도 그러자고 할까?

연출이 훤히 보이는 꽃다발이 아내에게 건네지고, 꽃이라곤 처음 받아본다는 마나님이 좋다고 덩실덩실 춤을 추었다.

그 억지가 서글펐다. 무엇이 그리 좋은데….

집

 언제고 돌아갈 수 있는 집이 있다는 게 이 지구상에서는 큰 행운이라는 걸 생각해 본 일이 없다. 처참한 난민들의 실상을 뉴스로 접하면서 당연시 누리고 있던 안락과 평온이 새삼 감사한 일로 다가온다.
 더 갖고 싶고, 더 있었으면 하는 물욕으로 사사건건 비교하고 낙담하면서 채우려 했던 가벼운 주머니.
 누구에게는 간절한 바람일 수도 있는 소유인지를 몰랐다.
 세 살 아이가 시신으로 파도에 떠밀려 왔다는 지중해의 휴양지.
 그 극적인 대비에 가슴이 아팠다.

세상은 왜 이렇게 있어서는 안 되는 일들이 가득한 걸까.

가족들이 무사히 돌아오기를 기다릴 수 있는 '집'이 있어서 다행이다.

그분이 오셨다

그분이 또 오셨다.
지난 일요일 새벽에 다다다 뛰는 소리에 잠이 깼다.
시계를 보니 3시가 다 되어 간다.
간혹 출몰(!)하시는 그분은 위층 손자님이시다. 몇 살인지도 모르고 얼굴 한 번 본 일이 없다.
지난해 언젠가 부터 통통 뛰는 소리가 거슬렸지만 2, 3일만 참으면 되기에 꾹꾹 참았다.
더구나 엘리베이터에서 만난 이웃이 손자가 놀러 와서 뛰는데 죄송하다. 아직 어려서 말귀를 못 알아들으니, 말릴 방법이 없다고 사정을 얘기하는데 인상을 쓸 수는 없어 "어린애가 그러는 걸 어쩌겠어요." 착한 척하고 말했다.

그런데 사정을 고지했으니 마음 놓고 뛰라고 독려했는지 그분은 정말 마음 놓고 달리신다.

소리를 듣고 있으면 안방에서 거실로, 작은 방으로 달리는 방향이 짐작이 되고 다음 동작도 가늠이 된다. 소파에서 점프를 하는지 1분 간격의 시간차를 두고 쿵, 쿵 방아를 찧는다.

어제는 화가 치밀어 "쫓아 올라가 거꾸로 매달아뻴라!" 욕을 했다.

세상 모든 일에 관대한 남편도 "아, 정말 양심도 없네!" 혼잣소리를 한다.

휴가를 할아버지 집으로 온 건지 지난 일요일 새벽부터 그분은 며칠 째 달리기 삼매경이다.

신기한 것이 그분의 양친부모와 조부모들은 "아이고 내 새끼! 우짜믄 조렇게 뛰는 것도 귀여울까?" 하면서 마냥 즐기는 걸까.

최소한 아랫집에서 소음에 시달릴 거라는 생각조차 들지 않는 건지, 어린아이가 뛰는 건 당연하니 '너희가 참아라'인지 속내가 궁금하다. 위층과는 담배 연기로 언짢은 소리를 주고받았고, 맑은 날 물청소를 하는 바람에 우리 집 베란다로 구정물이 쏟아져 들어와 내가 야심차게 말리던 나물들을 모두 버리게 되어 그야말로 약이 올라 무식하게 쇳소리 질렀던 과거가 있는 사이다.

그래서 시끄럽다고 조심해 달라는 소리를 더 못하고 있다. 자꾸 앙금이 쌓일까봐 참는 '착한' 아래층을 아랑곳 않는 얌체들.

그분은 지금도 뛰고 계신다.
휴가가 언제까지인지, 아님, 설마 저분을 두고 가신 건 아니겠지.

엄마는 대기 중

 1년에 한두 번 잊을 만하면 만나던 친구가 "이제는 못 놀아."라고 전화를 했다.
 며느리가 직장을 나간다고 돌 지난 아이를 맡겨서 그리로 출퇴근을 하니 친구 만나고, 콧바람 쐬는 일은 남의 일이 되었다고 하소연이다. 활발한 성격이라 집에 붙어있는 일이 없던 사람인데 '어쩌니?' 걱정을 했다.
 손녀를 돌보는 일이니 마다할 수도 없고, 내 자식들 앞가림을 도와주어야 한다는 책임감에 친구는 돌보미가 되었다. 첫 손녀이니 눈에 넣어도 아프지 않을 것 같다는 느낌은 충만한데, 몸은 고달프고 갇혀 사는 신세가 적응이 쉽지 않다고 한숨이다.

　전에 어느 친구도 자식들이 예고나 허락 없이 아이를 맡기러 오고는 해 화가 난다고 했다.

　엄마도 자기생활이 있는데 느닷없이 "오늘 약속이 있으니 아기 좀 봐줘요." 하면서 들이닥치면 안 된다 할 수도 없는데 봐 줄 수 있는지 묻는 일이 거의 없다고 했다. 심지어 아침시간에 느닷없이 유치원으로 이런저런 준비물을 가지고 오라는 경우도 있어서 황당하다고도 했다. 들을 때는 그 자녀들의 이기심이 괘씸했다. 왜 자식들은 부모의 희생을 당연시하는 걸까.

　그런데 지인들의 '돌보미 취직'을 딱하다 여기는 나도 그 비슷한 행동거지(行動擧止) 수도 없었다. 첫 아이 기를 때에 힘들다고 시도 때도 없이 친정어머니 불러대었고, 걸핏하면 아이를 업고가 맡겨놓고는 해주는 밥까지 먹으면서 하루 종일 뒹굴 거렸다.

　친정식구들이 아이를 예뻐라 하는 모습에 그래도 되는 줄 알았다. 무슨 특권이라도 있는 양 내 편한 입장만 내세웠다. 개구리가 올챙이 시절 잊듯이 나 못나게 굴던 시절은 새까맣게 잊고, 주변에서 친구들이 힘들어 하는 모습에

철딱서니 없는 자식들이라고 지청구를 한다. 머지않아 내게도 닥칠 일일지도 모르니 겁이 나는 걸까.

하긴 다른 맥락이기는 해도 지금도 아들녀석들은 불쑥불쑥 '엄마'를 찾는다.

큰아들 녀석은 대학 시절 내게 리포트 숙제도 해달라고 했다. 시간이 없다고 교양과목 책자를 한 보따리 안겨주면서 리포트를 쓰라고 들이댔던 녀석이다. '내 새끼'가 학점을 못 받을까봐 밤을 새워 읽고 또 읽으면서 리포트를 쓰고 있으면 남편이 '세상에 별 일을 다 본다'고 황당해 했다. 작은녀석도 만만치 않아 '엄마'는 늘 집에서 대기하고 있는 해결사로 아는 것 같다. 요즘 아이들이 과보호를 받고 자라서 그런지 주민센터에 가서 서류 한 장 떼는 것도 어설픈 현실이라 이제는 내가 보호를 받아야 하는 나이임에도 엄마 노릇에 종종걸음을 친다.

세월은 가도 '엄마'는 대기 중이다.

친구들이 대기를 해 줄 수 있는 엄마들인 것이 다행이고 그런 엄마가 있는 자식들은 복 중에 큰 복을 누리는 줄 아는지 모르겠다.

얼른 오소

집안 사정으로 잠시 지방생활을 했었다. 서울에서 나고 자란 내게 그 사건은 형벌 같았다.

난생처음 발을 딛게 된 그곳은 바람마저 낯설어 늘 우울하고 비참했다. 욕심대로라면 나는 대학새내기가 되어 파릇한 청춘을 음미해야 하는 시점이었다. 친구들과 책을 가슴에 안고 명동거리를 휘젓고 다니면서 음악다방에서 커피를 마시는 겉멋에 젖어있어야 했다. 그런데 현실은 나를 습한 바람과 억양 드센 사투리에 몸을 사리게 되는 생면부지의 도시에서 살아보라 등을 떠밀었다. 처음은 당혹스럽고, 억울하고, 분해서 고슴도치처럼 가시를 세웠다.

사기꾼들에게 재산을 내준 아버지의 재기(再起)를 위해 온 가족이 이주를 해야 했지만 굳이 같이 와야 하는지, 의사조차 묻지 않은 일방적인 이사는 횡포라고 날을 세웠다.

  이방인으로 시작한 봄은 황량하고 쓸쓸해서 죽을 것 같았다. 무엇을 해야 할지 난감하고 두서없는 시간들이 지나면서 우여곡절 끝에 별수 없이 패배자의 심정으로 지방대에 진학을 했다. 친구들은 서울에서 내로라하는 대학을 다니는데 이름도 없는 대학을 다녀야 하는 게 굴욕으로 여겨졌다. 학교 안에서도 변방의 느낌은 같았다. 연고가 없는 곳이니 친구도 없고 재수를 한 셈이니 나이가 많다는 자격지심까지 들어 사람들과 어울리지 못하고 겉돌았다. 동기들도 존재감 없는 내게 관심을 두지 않아 20살 청춘은 서글펐다.

  그런데 한 학기가 지나 복학을 한 남학생들이 돌아오자 '형'들이 생겼다. 복학생에게 남녀불문하고 'ㅇㅇ형'이라고 부르는 풍조에 나도 가끔은 '형'이라고 불러야 하는 사정은 생겼다. 실험도 해야 하고 리포트도 써야하니 누군가와는 팀이 되어야 해서 형들에게 붙고는 했는데 그도 편하지는 않았지만 다행히 '형'들이 스스럼없이 대해주어서 고마웠다.

강의실에 들어가면 "얼른 오소!" 하는 한마디가 고맙고 따뜻했다.

오거나 말거나가 아닌 관심을 갖고 시선을 주는 "얼른 오소"를 처음 들은 날은 눈물이 났다. 과 특성상 몇 안 되는 여학생들이었는데 그중에 끼지 못하고 겉돌던 서울내기가 딱했을까. 군대를 다녀 온 인생 공부를 해서였을까.

새침한 여동생을 다독여주었던 '형'들이 지금까지도 고마운 기억으로 남아있다.

학교를 졸업하고 이내 그곳을 떠나 소식조차 알 길 없지만 "얼른 오소" 하던 장난기 서려있던 '형'들은 다 무엇을 하고 있을까.

눈 물

어느 글에서 나이 들면서 눈물이 많아진 것 같다고 푸념을 했더군요. 그런 것 같기도 해요. 언제부터인지 눈물이 많아졌습니다.

어릴 때는 자존심 때문에 울지 않으려고 버텼습니다. 울어야 괴로운 상황에서 벗어날 확률이 크건만 무식하게 버텼지요…. 매를 번다는 게 그런 걸까요. 젊은 시절에는 입을 꽉 다물고 눈물을 참았습니다. 눈물이 창피했지요. 동정도 싫었고, 호기심도 싫었던 젊은 사람의 눈물. 여자는 사람이 아니었던 때였으니 공공연히 무시 받고 억울한 게 많았던 시절이었지 싶습니다. 지금은 혼자서도 눈물을 흘립니다. '동물농장'을 보다가도 울고, 성당에서 미사 중에도 눈물을 흘립니다. 찬송가 구절이 가슴에 박혀 눈물이 나고 길에서 만나는 길고양이의 깡마른 몸피가 가여워 눈물이 납니다. 주책인 게지요. 지난주에는 고해성사를 하면서 펑펑 울었습니다. 안 그래도 수많은 신자들의 가당찮은 죄의 고백에 시달리던 사제는 얼마나 괴로우셨을까요. 눈물 때문에 입을 뗄 수가 없어 고해는커녕 "신부님, 죄송합니다." 한마디를 겨우 했습니다. 조용히 계시던 신부님이 "괜찮습니다. 기도 많이 하시고 본인을 더 사랑하세요. 가족도 결국 남입니다. 자식도 마찬가지에요. 본인이 행복해야 합니다. 세상 모든 자리에 나를 먼저 올려놓으세요. 내가 여기 있다고 소리 내시고 참지 마세요. 행복하시기 바랍니다. 기도해드릴 게요."

어느 신부님인지 알 수는 없지만 그분의 위로가 고마워서 또 울었습니다.

제대 앞에서 무릎을 꿇고 있으면 이상하게 마음이 가라앉습니다. 비굴한 꿇음이 아니라 내려놓음 때문이겠지요. 어제의 눈물로 오늘 하루가 평온합니다. 보속기도가 숙제로 남아있는데 하루쯤 더 울고 싶습니다. 나이 듦에 서글퍼지는 모든 상황들. 이렇게 살다 가는 게 억울할 일도 없는데 왜 손해 본 느낌일까요. 하고 싶었던 일은 이미 망각 속에 있습니다.

후회해도 소용없는 일이지요. 남들이 규정지어 놓은 나로 살기가 버거운 걸까?

잊고 살던 내가 자꾸 되돌아오기에 힘에 부치는 건지 눈물은 시도 때도 없이 나를 초라하게 합니다.

4.
어느 늦은 밤

평생을 질병에 시달리며 작곡을 한 위대한 베토벤을 만나고 온 날, 그냥 행복했다.
　친구와 커피를 마시며 음악을 하는 사람들은 험한 세상에서 위로를 은혜로 받은 것 같다고 이야기를 나눴다.
　속 시끄러운 친구도 늦은 시간의 밤을 걸으며 오랜만의 평화를 느낀다고 했다.
　살아가는 날들의 한 귀퉁이에서 이렇듯 감미로운 하루가 주어지기에 그럭저럭 살아내는 것 같다.

멍멍이들에게 마법을

 누군가와 같은 생각을 갖고 교감을 나누는 일은 야박한 세상사 틈새에서 작은 힐링이다.
 그래서 사람들은 취미를 따라 동호회를 들어 참여를 통한 외로움 털기를 하는 게 아닐까.
 가끔 유기견, 유기묘를 돌보는 사람들의 활동을 매스컴에서 접하는데 그이들이 참 좋은 일을 하는 구나 느끼면서도 도움을 준 일은 없다. 병원비를 모금한다고 해서 아주 적은 돈을 입금했던 한두 번의 일이 개를 기르는 입장에서의 동병상련이라고나 할까. 학대받거나 차에 치여 상해를 입은 동물들을 구하느라 애쓰는 기사를 접하면 너무나 다른 사람들의 인성에 울컥 화가 치민다.

 엄연히 살아있는 생명체를 학대하는 심리는 무엇이고, 그에 반해 눈물 흘리고 보듬어 안는 또 다른 종류의 사람들.

 학대를 받은 개를 보면 그보다 더 악랄할 수는 없을 것 같다. 무자비하게 때리고, 불로 위협을 가해 상처를 입히는 악마의 근성. 일종의 정신장애인 그들이 결국 사람도 상하게 하는 사회적 암초인 것이다.

 열 사람이 도둑 하나를 지킬 수 없다는 말처럼 주변에서 흔히 일어나는 동물 학대는 너무도 공공연하다. 알을 낳는 기계로 비좁은 닭장에 빼곡히 갇힌 닭들. 그 닭들도 생명이 있어서 좋거나 싫거나를 알 텐데 잠시의 시간이라도 조금은 편하게 해주면 안 되는 건지. 양계장이 TV화면에라도 비쳐지면 그 덧없는 생명들의 눈빛이 참혹하기만 하다. 달걀을 얻기 위한 학대를 조금이라도 덜어주려는 추세도 있다니 그나마 다행일까. 최소한의 격으로 얻어진 고기, 달걀, 혹은 커피라고 상품 포장에 표시된다고 하니 우선순위로 구입을 해야겠구나 싶다.

 '동물농장'이라는 TV프로그램에서 동물들의 갖가지 사연을 접하면서 개 혹은 고양이도 팔자라는 게 있나 쓴웃음이 났다. 반려견을 향한 주인들의 지극한 사랑, 그에 보답하는 듯한 충성심이나 한 길 사랑은 '사람보다 낫다'는 표현이 잘못되지 않았으며 '개보다 못한 인간'들이 엄연히 존재하는 게 씁쓸하다. 주인을 잘 만나 사랑받고 행복한 개들은 눈빛이 다르다고 한다. 양순하고 순종적이면서 사람에 대한 경계심이 없다. 학대받은 개들은 공포심이 강해 짖음이 심하고 사람의 손길을 극도로 두려워한다. 수도권 야산에 들개무리가 된 유기견들을 무섭다고 하는 요즘 그 개들도 누군가의 반려견들이었다.

뜬금없이 마당이 있는 집을 마련해야겠다는 생각이 든다.
하다못해 작은 건물이라도 마련해서 옥상에 주인 잘못 만나 '개고생' 하는 멍멍이들을 위한 보금자리를 만들어 주었으면 싶다.
누구처럼 마법을 걸어볼까?

생긴 대로

 최근에 어느 연예인 부부의 '세상에 그런 일도!'가 회자가 되고 있지요.
 미녀와 야수의 조합이던 그 부부의 진실과 거짓 사이에서 뭇사람들은 동정과 지탄을 금하지 못합니다.
 갖은 구설로 화제를 몰고 다니던 부부가 드러낸 추악하고 가여운 과거와 현재.
 지인이 그러더군요.
 "지저분하게 생겨서 별로였는데 정말 생긴 대로 놀았네…. 하다하다 목사까지 한다고 주접이더니 인간도 아니었구먼!"

예쁘게 생긴 아내와 똑똑하고 잘생긴 아이들.

주제에 그만하면 감사한 일인데 분수를 모르고 치사하게 살아 온 인생.

작고 영악한 모습으로 이악스럽다 싶었던 여자의 눈물이 안쓰럽습니다. 수집품을 지나치게 비싸게 내다 팔다 욕을 먹었던 이유도 잘못 만난 남자 탓이다 싶으니 더 측은합니다.

남의 집 일이니 사필귀정으로 해결이야 되겠지만, 난도질 당한 한 사람의 인생이 씁쓸합니다.

'생긴 대로 논다'는 말은 누군가를 비하하고 경멸할 때 쓰이곤 하지요. 좋은 느낌보다는 나쁜 쪽으로 더 치우치는 단어.

첫 인상이 주는 선입견도 비슷한 맥락인데 첫 인상이 맞더라는 말들을 흔히 하게 됩니다.

살아 온 세월 뒤돌아보니 '만만치 않아 보이네?'

'고약하겠다!'

'시건방지구나.'

'뭐야? 사차원인가? 친하면 피곤하겠다!' 등등의 느낌이 곧잘 들어맞고는 했습니다.

누군가의 눈에도 나는 이러저러한 인상으로 각인되어 좋

거나 나쁘거나의 영상으로 남아 있을 테니 가능하면 좋음은 그대로, 나쁨은 고쳐지기를 바라면서 정직하게 살아야 하는 게 남은 숙제가 아닌가 생각해 봅니다.

어느 늦은 밤

 감나무 밑에 앉지도 않았는데 잘 익은 감 하나가 뚝 떨어졌다.
 피아노와 첼로가 만나 들려주는 베토벤과의 만남. 이름하여 베토벤 프로젝트다.
 김윤경 & 부윤정의 두 번째 베토벤 프로젝트 발표회 티켓이 속달로 찾아와 아닌 밤중에 귀 호강을 한 것이다.
 정말 오랜만에 예술의 전당 리사이틀 홀에서 문화를 접했다. 오지에서 무지한 삶을 살다 햇살 한 줄기를 만났다고나 할까.
 나는 개인적으로 첼로의 저음을 좋아한다.

바이올린의 고저를 오가는 선율은 긴장하게 되는데 점잖게(?) 울리는 첼로의 묵직함은 편안하다.

연주자들의 에너지가 폭발하는 무대를 보며 그이들의 오랜 노력, 정열이 부러웠다. 신이 특별한 달란트를 주셨기에 저리도 사랑하는 마음을 온 힘을 다해 연주하는 게 아닐까.

평생을 질병에 시달리며 작곡을 한 위대한 베토벤을 만나고 온 날, 그냥 행복했다.

친구와 커피를 마시며 음악을 하는 사람들은 험한 세상에서 위로를 은혜로 받은 것 같다고 이야기를 나눴다.

속 시끄러운 친구도 늦은 시간의 밤을 걸으며 오랜만의 평화를 느낀다고 했다.

살아가는 날들의 한 귀퉁이에서 이렇듯 감미로운 하루가 주어지기에 그럭저럭 살아내는 것 같다.

이웃들

이사를 하고 싶은 마음이 들었다.
그저 지루하고 심드렁해서 이 동네가 싫증이 났다.
남한산성이 가깝다고 쉽게 이사를 결정했었다.
공기가 좋고, 지척에 한강으로 이어지는 천변길이 일품이라 한동안 잘한 선택이라고 기꺼워했다. 변두리 지역에 볼 품 없던 동네였지만 그도 잠깐, 십여 년이 지나자 알게 모르게 번듯한 건물들이 들어서고 거리는 변화해져서 저녁 시간에는 식당, 커피숍들이 불야성이다.
길 건너 판자촌은 거대한 아파트 단지로 탈바꿈할 예정이다. 복잡해지고 소음이 뒤섞여 구청에는 민원이 끊이지 않는다고 한다. 고가도로에서 들리는 소음이 귀를 아프게 하고 하루 종일 배달을 다녔던 십대 아이들의 오토바이가 굉음을 내며 폭주를 한다.

 이 모든 불협화음을 피해 둥지를 옮기고 싶은데 마땅하게 가고 싶은 자리도 없다. 오매불망 전원을 꿈꾸는 남편의 의중이 짚어지지만 도시에서 나고 자란 탓인지 적막한 산골풍경은 견디기 힘들고 온갖 편의시설이 갖춰진 도시를 떠날 수가 없을 것 같다. 얼마 전에 퇴직을 한 시동생이 귀촌을 한다고 논산 둘째 네를 들쑤시더니 막상 실행하기에는 겁이 났는지 땅을 사네, 집을 마련하네 하다가 백지로 돌렸다. 덩달아 같이 귀촌을 꿈꾸던 남편은 헛물만 켜고 미간이 찌푸려졌다.

 시골살이가 쉽지 않다는 것은 보고 들어서 잘 아는 처지에 무슨 미련을 그리 오래도 갖고 사는지 이해불가다. 농사도 모르면서 막연히 푸성귀 심어 먹는 맛을 환상으로 간직하고 있으니 평행선을 달리는 동상이몽이다.

 아파트라 이웃들과의 교류 없이 살며 남의 사정 잘 알지 못하고 내 사정도 가림막이라 속은 편하다. 시시콜콜 알고 싶어 하는 사람들이 피곤하고 정 떨어져서 나는 정말 시골살이에는 맞지 않는 사람이다. 불쑥 담장 위로 얼굴 들이밀면서 안부를 묻는 풍경이 내게는 당혹이고 무식의 소치이니 정(情)이라 생각하는 사람들과 어떻게 소통이 되겠는가.

  소통을 꿈꾸며 나를 분해하고 꿰맞춘다. 종교에 몰두하기를 첫 자리에 놓지만, 사람 사귀는 일에 게으르니 그에 따르는 책임과 참여가 부담스럽다. 돌아가며 모이는 성당반상회에도 나가지 않는데 무슨 참여란 말인가. 해야 할 것이 너무 많은 사람 구실이 무겁다.

  이웃에게 문을 열기가 참 어렵다.

  싫증나는 동네라고 지청구를 하면서 소통에 문을 닫고 있으니 나부터가 참 딱한 이웃이다.

인내심

    아파트 햇수가 오래되니 집안 구석구석이 손 볼 처지다.
    외국에 나가있던 아들이 귀국을 해서 좁은 집에 살림을 보태니 신발장은 포화상태를 벗어나 현관부터 신발가게를 방불케 한다. 부엌도 싱크대를 바꿔야 하고, 더 나아가면 거실도 바닥재를 갈아야 하는 등 잘못 건드리면 차라리 집을 다시 지어야 할 판이다.
    잠시 이사를 나갔다가 들어오는 편법이 있기는 하지만 엄두가 나지 않아 차일피일 미룬 게 또 몇 해다. 궁리 끝에 집수리는 봄으로 미루고 우선 현관이 지저분하니 신발장을 갈기로 했다. 마침 아파트 정문 앞 상가에 '한x'인테리어 가게가 생겨 상담을 하고 치수를 재러 오기로 했다. 전문 담당사원이 치수를 재고 세부적인 디자인 등을 상담해 준다고 해서 이틀을 기다렸는데 무소식이다. 겨우 신발장 하나라 시큰둥한 건가?

그렇다면 아예 접수를 하지 말았어야지.

얌전히 기다린 게 바보짓이었으니 '아님 말아라.' 다른 가게를 들렀다.

'Lx' 간판이 달렸기에 들렀더니 사제품을 취급한단다. 요즘은 어떤지 모르겠지만 과거 불만족스러웠던 사제품에 대한 불신이 있어서 돌아 나왔다. '한x'을 들여다보니 마침 주인이 있기에 들어가 왜 약속을 지키지 않냐고 지청구를 했더니 눈을 동그랗게 뜨면서 "여태 안 갔어요?" 오히려 반문을 한다. 담당이 바빠서 그랬나 보다고 저녁에는 꼭 들르게 하겠다고 사과를 해서 얌전히 물러나왔다.

저녁에 약속한 시간이 지나도록 오지 않더니 '조금 늦어요.' '죄송해요.'가 두 번. 결국 오지 않았다.

다음 날 아침에 오겠다고 해서 겨우 신발장 하나이기에 참고 그러라고 했다.

젊은 사람 목소리라 늦도록 일을 하는 게 안쓰럽기도 하고 기특하기도 해서 바쁘지 않은 내가 양보하자 싶었다.
 다음 날은 전화 연락도 없이 오지 않았다.
 슬슬 약이 올랐다. 관두자~! 잠실에 가면 엄청 큰 전시장이 있다던데 구경삼아 가서 보고 거기서 싱크대랑 두루두루 왕창 일 저지르자 마음을 먹었다. 그런데 이분이 일요일 아침에 갑자기 오겠다고 전화를 했다. 약속이 있어서 외출 준비 중이니 10분 내로 올 수 있으면 오라고 했더니 정말 10분 만에 왔다.

 약속을 펑크 낸 것에 대해 사과도 없고, 나도 입 꾹 다물고 치수만 재고 가라고 했더니 엉뚱하게 "싱크대는요?" 반문을 한다.
 주인하고 싱크대 얘기를 했었는데 싱크대도 하는 걸로 알았었나 보다.
 우선 신발장만 한다고 치수 재고 디자인 얘기하고 이내 돌아갔는데 다시 이틀이 지나도록 무소식이다. 가게는 전화도 불통이다. 부글거리는 속을 달래면서 가게를 찾아갔더니 주인이 집안에 초상이 나서 이틀 동안 일을 못 봤다고 변명 끝에 생뚱맞게 이제 와서 신발장은 남는 게 없다고 하소연이다.
실실 웃음이 났다.
"그래서 하지 말까요?"
"아니요~~해드려야지요. 오래 기다리시게 했는데…. 사정이 그렇다고요."
"싱크대를 한다고도 않았고, 해도 다음에 한다고 했는데 같이 하는 줄 아셨어요?"
"아니요. 담당한테도 신발장만 하신다고 했어요."

줄 거 다주고 이제 뭐하는 짓인가 치미는 부아를 달래면서 계약이라는 걸 했다.
며칠이나 걸리냐고 하니 모른단다. 공장에 물건 주문하고 제작이 되면 연락이 오니 아마도 4~5일은 기다려야 한단다. 신발장 하나 짜 넣느라 인내심 테스트를 제대로 했다. 세상 살기가 참 쉽지 않다.

나도 약한 여자에요

 조상님 덕에 시절치고는 큰 키였다. 먹는 대로 살찐다는 체질이라 덩치도 만만치 않다. 초등학교 시절부터 늘 뒷자리가 차지였다. 작고 아담한 체형을 가진 친구를 보면 "너는 여성스러워서 참 좋겠다." 부러워했다.
 키가 크고 덩치가 있으니 힘도 셀 거라고 마당쇠 부리듯 부리려는 어이없는 일들이 비일비재했다.
 "키 큰 애가 들어라!"
 "덩치 값도 못하네! 그것도 못 들어서 쩔쩔매기는…."
 방과 후 청소 시간이면 키 큰 우리 동지들이 당하는 고초였다. 여학교이니 무거운 것을 들어야 하는 경우에는 어김없이 뒷줄에 앉은 대 여섯 명이 우르르 불려나갔다.

피아노도 옮겨 보고 체육시간에는 매트, 뜀틀 기구도 들었다.

천하장사 소녀들이었다.

그런데 나는 덩치 값을 못하는 비실비실한 존재였다. 집에서는 아예 심부름에서 제외되는데 밖에서는 속사정을 알 리 없는 선생님, 친구들이 힘쓰는 일이면 당연히 끼워 넣었다. 체육시간에 운동회 준비로 매트며 기구들을 옮긴 강제노역을 하고 이틀 동안 학교를 나가지 못했다. 몸살이 나서 앓는다는 소식에 담임선생님이 의심스러운 눈초리를 보냈고, 친구들은 문병이랍시고 몰려와 입원을 부러워했다. 화가 난 어머니의 항의로 담임의 오해는 풀려 한동안 강제노역에서 제외되었다.

고등학교로 진학해서는 다행히 힘쓰는 일은 줄고 뒷동산 소나무에 기승한 송충이를 잡으러 올랐다. 힘하고는 상관없으니 깡통과 나무젓가락을 들고 비명을 지르며 그 징그러운 송충이들과 한판 씨름을 했다. 하긴 그 일도 키가 크다고 앞장을 섰다. 죽 뻗으면 나뭇가지에 잘 닿는 길쭉이 팔이 아니던가.

처녀 때에는 그나마 마른 몸매라 회사에 다니던 시절에는 총각들의 보호본능을 불러일으켜 바람 부는 날이면 밖에 나가지 말라고 걱정도 보내주고, 키가 크니 마른 몸이 휘청휘청 걸어가면 제 때에 밥이라도 든든히 먹으라고 동정의 눈빛을 보냈다.

덩치의 한때 황금기였을까.

세월은 흘러 이제는 뚱뚱한 아주머니가 되었다. 배 둘레 둥실하고 보름 달 뜬 듯 만월의 얼굴을 가진 여자 - 그러니 누군들 약한 여자라고 보아줄까. 병원에서 마주친 동네 사람이 "무척 건강해 보이시는데 아픈 데가 있어요?" 눈을 동그랗게 떴다. 1년 365일 단 하루도 아프다는 소리를 못 들은 것 같단다. 억울한 일이다. 비록 삼둥이 할머니로 더 유명해진 '김을○' 여사의 풍모이지만 체질이 3등급에 속해 멀미도 일등이고 갖은 성인병, 오십견까지 가지가지 다 하는 나도 나름 약한 여자인데 겉만 보고 씨름 선수 취급이다. 수 년 전 작은아들 학교 등산대회 때에는 학부형들이 가야한다고 해서 기껏 짐 다 덜어 놓고 몸만 겨우 따라갔었다. 어깨가 아파서 침을 맞던 중이라 내 몸 내가 알아서 추슬러 갔는데 엉뚱하게 애를 업고 따라 온 여자가 숨넘어가는 소리를 내면서 짐 보따리를 내게 맡겼다. 손에 든 것 없으니 당연히 '네가 들어라.'였다.

　주위에서도 내 사정 알 바 없으니 그이의 기저귀 보따리와 먹을거리 보따리가 내게 밀어졌다. 당혹스럽던 그날의 기억이 떠오르면 지금도 무리하게 애까지 업고 따라온 그 학부형의 열성이 미련스럽고 민폐라고는 생각지 않았을 무지에 화가 치민다.

　어쨌거나 조상님들 덕에 꿇리지 않는 덩치로 살아온 세월, 다음 생에는 여릿여릿한 고운 여자로 태어나 침 질질 흘리는 남정네들 굴비 엮듯 엮어서 머슴으로 부려보고 싶다.

완장의 유세

　아주 오래전에 드라마에서 별 볼일 없던 사내가 하잘것 없는 완장을 차게 되자 태도가 돌변해서 마을 사람들에게 유세를 부리는 장면을 본 일이 있다.
　드라마에서 사내는 마을 유지에게 빌붙어 저수지를 관리하는 책임을 맡자 스스로 완장을 만들어 팔에 두르고 기세등등 한다. 아무나 와서 낚싯대 드리우고 한두 마리 붕어를 얻어가던 저수지에 누구도 얼씬 거리지 못한다고 눈알을 부라리며 횡포를 부리는데 순진무구한 마을 사람들은 그 유세에 항변 한 마디조차 못하고 아부까지 하는 촌극을 보인다. 그에게 잘 보이면 저수지에서 낚시를 할 수 있으니 안줏감 붕어가 아쉬울 때, 밥상머리에 놓을 비린내 한 점이 아쉬워서 사내에게 굽실거린다. 어쨌거나 완장의 효과는 잠시였고 상황이 바뀌자 유지는 사내를 털어내고 마을을 떠나버리고 남은 사내의 처지는 다시 하찮은 개나 다를 바 없어진다. 그런데 그 연기가 어찌나 실감나는지, 중년의 그 배우가 다시 보이고 별 볼일 없는 완장의 효과에 공감을 했다.

새삼 완장의 유세를 생각하는 건 요즘 이슈가 된 아파트 비리에 대한 뉴스를 보다가 저절로 터진 웃음 때문이었다. 어느 아파트인지는 모르나 비리가 들추어져 난리가 난 아파트 부녀회장이 그것도 벼슬이라고 온갖 유세 부렸는데 경비원들에게 두부 심부름까지 시켜왔다고 해서였다. 이유를 묻는 기자에게 그이는 '사람과 사람 사이의 신뢰나 정'으로 두부 심부름도 시킬 수 있는 게 아니냐고 그 일을 왈가왈부하는 인심이 섭섭하다고 항변을 했다.

그 부녀회장의 신뢰와 정은 어떤 모양새일까.

완장을 차면 없던 유세를 부리고 싶은 속물근성이 저절로 생기는 걸까. 하긴 주변에서도 하찮은 군상들이 장(長)자리를 놓고 이전투구(泥田鬪狗)하는 꼴들을 보이는 게 예사이니 두부 심부름은 유아적 발상인지도 모른다.

경비원이 느꼈을 모멸감은 모르쇠로 앉은 자리에서 배달 온 두부가 기꺼웠을 누군가의 어머니가 측은하다. 화가 스민 두부 반찬은 가족들에게 독이었을 텐데.

나도 요즘 완장을 둘렀다. 아파트에서 최고봉 주민대표 자리다. 그런데 유세는커녕 좌불안석이다.

전에 없이 친절해진 경비원 아저씨들이 부담스러워서 눈에 띄지 않으려고 피해 다니는 버릇이 생겼다. 장을 봐 올 때는 하다못해 빙과라도 한 개 바치는 상납도 잊지 않는다. 관리실에 들르면 불만이 들릴까봐 전전긍긍이고 시도 때도 없이 쳐들어와 초인종을 누르는 이웃들 때문에 노이로제에 걸릴 것 같다. 주민회의를 할 때는 모르쇠로 있다가 뒤에 개인적으로 불편이 느껴지면 "왜 그렇게, 누가 했냐?"고 따지러 온다. 심지어 수돗물에서 아파트 공사로 인해 페인트 냄새가 난다며 생수를 제공하라는 주민도 있었다. 수질검사까지 하는 소동을 벌이고 아무 이상 없다는 공고에는 묵묵부답이다. 경비원이 택배를 잘못 받았다고 밤 열시에 경비 아저씨의 멱살을 잡고 우리 집으로 찾아와 누가 채용했냐고 행패를 부린 이는 모 고등학교 교감선생이란다.

별 꼴도 보고 잘난 사람들에게 시달리다 보니 성질이 더러워진다. 또박또박 말싸움도 잘하고 실실 웃으면서 빈정거리기도 전문이다. 완장의 유세를 배우고 있는 것 같다.

완장을 두르면 교만이 머리 꼭대기에 앉게 되나 보다.

생 일

 1월 달에는 줄줄이 가족들의 생일이 들어있다.
 음력으로 섣달 생들이니 1월이면 일주일 간격으로 생일이 돌아온다.
 하여, 나는 내 생일에 미역국을 끓이지 않는다. 며칠 후에 돌아오는 작은아이의 생일에 끓여 더불어 얻어(?)먹는다.
 날짜를 보니 오늘은 친정 동생의 생일이다. 동생도 제 생일에는 미역국을 끓이지 않고 지나는 경우가 많다고 했다.
 내 손으로 끓여 먹는 미역국은 이유 없이 쓸쓸하게 느껴진다. 태어난 일이 축복일까? 어설픈 감상에 젖었던 젊은 날의 치기도 까맣게 잊혀졌는데 생일날은 빈 마음이다. 한 끼 식사를 외식으로 대신하는 일과 저마다 선물이라고 쥐어주는 봉투가 태어난 날의 쓸쓸함을 위로해 주지는 않는다. 생각해 보니 어린 시절 친구들이 용돈을 모아 손수건과 소설책을 선물하고 주인공은 분식집에서 작은 만찬을 턱으로 냈던 일들이 행복한 기억으로 떠올려진다. 나이 들어 생일을 맞는 지금은 형식적인 챙김이 오히려 부담스럽다.

어느 때는 그저 모른 체 조용히 지나갔으면 싶을 때도 있다. 시어르신들 다 돌아가시고 찾아진 생일이 낯설기 때문일까.

이틀 뒤에는 작은아이의 생일이라 미역을 찾아 놓고, 아침은 과일즙 한 잔으로 때우고 나가기 일쑤이니 저녁에 무엇을 해주나 궁리 중이다. 마침 시동생이 한우를 택배로 보냈다는 문자가 와 있다. 알고 보낸 거는 아니지만 녀석이 식복이 있나 싶다.

육식을 좋아해서 걱정인데 생일이니 찰밥에 고깃국은 필수다. 못 먹는 세월도 아닌데 고깃국이라니…. 웃음이 난다.

저녁 상차림을 고민하는 나와 상관없이 작은녀석은 친구들과 약속을 해두었는지도 모른다. 친구들과의 시간이 한창 좋을 때가 아닌가. 그런데 나도 내 생일날에는 아는 체 말고 자유나 주었으면 좋겠다. 밥 먹자고 법석을 떨지도 말고 알아서 사라고 돈으로 때우는 모양새도 가끔은 섭섭하다. 열과 성을 다해 물건을 고르던 아들녀석들의 빛나던 눈빛은 아주 오래전에 잊혀졌다. 가짜 보석반지를 사들고 들어오던 작은아이의 그 의기양양했던 모습도 세월은 다 지워버렸다.

양력으로 생일을 쇠 주셨던 친정 부모님의 선택이 탁월했다. 음력이었으면 나는 하루 종일 시어머니 제사 음식을 만들어야 한다.

"여자가 생일이 어디 있니?" 하셨던 분.

그래서 생일 하루 전날 돌아가셨나 보다. 며늘년. 늘어지게 생일 밥 먹을까봐.

맛의 기억

며칠 있으면 동짓날이다.

팥죽을 끓여볼까 궁리를 한다.

식구들이 단팥죽을 좋아해서 동지팥죽은 거의 끓이지 않았는데, 누군가의 글에서 삼청동 팥죽이 맛있어서 가끔 먹으러 간다는 구절을 읽었다. 내 경우에는 하도 유명해서 일부러 찾아가 먹어 보았지만 느낌은 별로였다. 유난히 큰 찹쌀 옹심이가 들어있어서 한 끼 식사 대용도 되겠다 여겼는데, 같이 간 동행이 질색을 하면서 "난 떡을 안 좋아해서 부담스러우니 언니가 이거 잡숴요!" 하면서 옹심이를 건넸다. 두 개를 먹고 나니 정말 배가 든든했다. 앉아있기도 옹

색한 좁은 실내와 불편한 탁자. 그리고 유명세에 몰리는 사람에 질렸는지 주인의 불친절은 '두 번 다시 올 일 없겠네.'였다.

우리는 맛과 불친절에 실망해서 '소문 난 잔치 먹을 것 없다'는 속담을 제대로 체험했다고 깔깔 웃었다.

그런데 다른 이들은 그 집 팥죽 맛을 잊지 못하겠다는 추억을 자주 이야기 한다.

맛이라는 게 저마다의 기분과 뇌를 자극하는 기억이 같이 작용을 해서 특별한 맛으로 인지되는 것 같다.

어쨌거나 팥죽 잔치를 연례행사로 치르는 '소소리'의 우 대표도 팥죽을 끓인다는 소식이다.

솜씨가 야무진 사람이라 유명 맛집 팥죽보다 못할 게 없으니 그 팥죽이나 먹으러 갈까 꾀가 앞장선다.

식구들은 단팥죽을 준비해 주고 내 입은 소소리에서 동지 팥죽을 맛볼까 싶다.

어린 시절에 한 솥 가득 폭폭 끓어오르는 팥죽 속으로 동글동글 옹심이를 빚어 던져 넣던 기억이 그리운 날이다.

심심한 날

'멍 때린다'는 말이 있다. 내가 지금 그 모양새다.

날파리들이 찬 기운에 쫓겨 자취를 감추더니 징그러운 개미들이 눈에 띈다. 눈에 보이는 한두 마리의 개미들의 뒤에는 어마어마한 개미군단이 있다는 건 주지의 사실. 언젠가 사다두었던 개미잡이 약을 뿌려대다가 '아차!' 싶었다.

강아지가 핥거나 냄새에 취하면 어쩌지? 워낙 약고 예민한 강아지라 걱정은 않아도 좋을 것 같은데 혹시나 우려되어 걸레질을 열심히 했다. 이 무슨 한심한 짓일까.

강아지는 목하 주인 감시중이다.

'언제 나갈지 몰라. 놓치지 말고 쫓아 나가야지.'

새까맣게 반짝이는 눈에서 레이저가 나올 것 같다.

지난주에 TV에서 주인이 버린 고양이가 먹이를 거부하고 스스로 죽기를 기다리는 모습을 보고 가슴이 아팠다.

아무것도 모를 것 같은 동물들이 버려졌다는 사실에 충격을 받고 깊은 슬픔을 느낀다는데 아무 주저 없이 버리고 학대하는 사람들. 사람이 사람을 학대하는 죄악도 무섭지만 동물이기에, 연약한 목숨이기에 함부로 대하고 버리는 사람들의 무정함에 기가 질린다.

돌아보니 우리 강아지의 눈빛도 슬프다.

'나가고 싶어요!' 애절하다.

눈이 커서 바람에 먼지가 들어가면 눈병나기 십상이고, 다리도 짧으니 달리기도 한계가 있다.

모시고 나가 반은 안아주어야 하는데 몸무게가 6kg이다.

제가 지치면 땅바닥에 퍼질러 앉아 요지부동 안으라고 시위다. 그러니 내가 더 운동이 되는지도 모른다.

어쩌지? 지난번에 접 지른 발가락은 아직도 불편하다.

이런 날은 고구마나 구워 먹으면서 밀린 독서나 해야 하는 건데, 개의 눈치를 보는 이 난감한 모양새가 한심한 날이다.

이별연습

　이십여 년 못보고 지낸 사촌오라비가 돌아가셨다고 연락이 왔다.
　왕년에 잘 나갔던 그 오라비. 이북에서 피난 나와, 억척스레 살아내며 서울에서 공부하고 출세했던 오라비.
　나이 차이가 많아 살갑게 지낸 일 없었지만, 명문고와 명문대를 다니면서 우리나라 대표 하키 선수였던 오빠라 내게는 우상이고 가까이 하기엔 먼 거리에 있던 친척이었다. 대학 시절 오라비와 연애하던 여자친구가 그 시절 유명 배우 '문희'보다 더 예쁘게 생겨서 결혼 후에 우리 집 근처에 살게 되자 나는 새언니를 졸졸 따라 다녔다. 피아

노를 전공한 언니에게 피아노도 배웠고 첫 조카가 신기하고 귀여워서 출근 도장을 찍었으니 언니 입장에서는 얼마나 성가시고 귀찮았을까. 시이모님 댁 피붙이들이니 굳이 갖다 붙이면 시누이 턱이라 함부로 대하지도 못했을 것이다. 그때가 중학생 시절이니 눈치도 없고 어지간히 철도 없었다. 심지어 오빠네 집이라고 친구도 달고 갔던 기억이 있다. 언니가 별처럼 보였다고 그래서 자랑하고 싶었다고 변명을 하고 싶다.

어쨌거나 나는 민폐형 어린 시누이로 오빠 내외에게 매김 하면서 세월은 흘렀고, 이사와 결혼 등으로 오빠와는 멀어졌다. 지방에 살다오면서 친척들하고는 거리를 두게 되었고, 이모내외가 다 돌아가시니 더더구나 이종 사촌들하고는 만나지지 않았다. 조카들 결혼식에서 얼굴 한 번 흘깃 보고 오면 인사가 되었으니 무심하게 살아 온 셈이다.

신촌 세브란스 영안실은 20여 년의 세월을 메워주었다. 손님접대 방 벽에는 고인의 젊은 시절과 아이들, 성장한 아이들, 배우자들 그리고 그 손자들이 화면에서 영상으로 흐르고 있었다. 조카가 화면에서 눈을 떼지 못하고 "실감이 안 나요." 했다.

환하게 웃는 오라비가 낯설었다. 내게 별이었던 올케언니도 세월을 이기지 못해 노인의 모습이었다. 금실이 각별했던 두 사람의 젊은 날이 떠올랐다. 오빠는 확실한 병명도 없이 십년을 휠체어에 앉아지내야 했었다. 운동선수를 했던 오빠가 하반신이 굳어 움직이지 못했으니 고통이 극심했을 것이고 간호하는 사람도 그보다 못하지 않은 고통을 겪어냈을 테니 건강이 상하지 않는 게 이상한 일이겠지. 언니도 암 투병 중이라 머리에 모자를 쓰고 있었다.

정말 사는 게 뭘까 처연했다. 언니는 계속 "내가 미안하다"고 자꾸 울었다. 아마 남편에게 짜증도 부리고 투정도 했겠지. 힘들어 죽겠다고 지청구를 했는지도 모르지. 6남매 중에 둘째였던 오빠. 나머지 형제들이 술에 먹히고 있었다. 정말 차례는 없구나, 누군가 쓸쓸하게 웃었다. 이별은 언제나 대기 중이다.

금빙수

  뜨거운 여름 날 빙수 한 그릇은 호사였다.
  주머니 가벼운 계집아이들에게 분식집에서 쓱쓱 갈아주던 하얀 얼음가루의 향연.
  빨, 주, 노의 물감 소스와 삶은 팥을 얹어 연유까지 뿌려지면 침이 꼴깍 넘어갔다.
  단골이라고 주인아주머니의 인심이 보태진 유리그릇에 넘치도록 담겨진 빙수의 시원하고 달콤한 맛.
  학교에서 돌아가는 길에 사먹었던 빙수의 기억은 지금도 생생하다.
  얼마 전에 모임 뒤풀이로 들렀던 카페에서 빙수를 시키

면서 사람 수대로 주문하는 우리가 미심쩍었는지 서빙 하던 처자가 용기를 들고 와서 보여주며 "혼자 드시기에는 많은 양인데 그래도 주문하실래요?" 물었다.

그 말에 유심히 주위를 둘러보니 하나를 시켜 둘, 셋이 다정하게 나눠먹고 있다. 어머니뻘의 아주머니들이 모르는구나 여기고 친절하게 빙수그릇까지 들고 와 설명해 주던 처자가 예뻤다. 그래서인지 맛도 유난히 좋았다. 예전의 빙수에 비해 재료도 고급스러워져 영양보충도 될 듯하다. 칼로리가 높을 테고…. 비만도 걱정해야 하는 처지이지만, 뜨거운 여름 볕을 피한 뒤의 빙수 맛은 감칠맛 나게 혀끝에 녹아들었다.

아침 신문에 보니 호텔에서 파는 빙수가 한 그릇에 4만 원을 호가한단다.

인삼도 갈아 넣고, 열대 과일도 들어가고, 재료가 비싼 것들이라 값이 비싸지만 양은 많아서 2인 분은 된다는데 그래도 1인 분에 2만여 원이라는 얘기다.

주머니를 털어 친구와 나눠먹던 추억은 사라지고 호화스러운 호텔에서 값비싼 빙수를 먹는다면 혀가 주눅 들지 않을까?

저마다 사정이 다르니 비싸거나 말거나 먹는 사람은 해마다 기다리는 맛이라는데 가난한 내가 시비 걸 일은 아니다.
엊그제 아프리카의 가난한 아이들의 참혹한 사정을 텔레비전에서 보았다.
한 달에 3만원을 후원하면 그 아이들의 미래가 달라진다던 봉사자의 호소가 목에 걸린다. 내가 먹는 빙수 한 그릇이 누군가에게는 금빙수란다.
참 아이러니컬한 얘기다.

서글픔

　아주 오래전부터 머리가 아팠다.
　지끈지끈 아파오기 시작하면 벽에다 머리를 찧고 싶을 때도 있었다. 수십 년 세월을 그렇게 살아왔기에 이제는 편두통이구나 혼자 진단하고 두통약으로 달래거나 정도가 심하다 싶으면 병원을 가서 하소연을 했지만 뾰족한 처방은 없었다.
　'처방 약 먹고 그래도 아프면 다시 오라'거나 '지켜보다가 사진을 찍어보자'고 하기 일쑤였다. 결혼 전에 초음파인가 뭔가를 찍기는 했었는데 신경이 날카롭게 반응하는 정도라고 예민한 성격 탓이라고 했었다. 아이들이 아프면 한밤중이라도 들쳐 업고 응급실로 뛰어가는 '엄마'노릇만 할 줄 알았지 내 몸을 위해서 예방차원의 진료를 받아볼 생각은 하지 않다가 어느 날엔 수술을 할 지경이 되어 병원을 찾았던 미련을 떨면서 세월을 먹고 살았다.
  그리고 좋은 세상(?)이 되었다.
  건강보험에서 꼬박꼬박 검사를 받으라고 하니 공짜 아닌 공짜의 혜택을 누리며 온갖 검사를 다 받았다. 그런데 기초 검사에는 내 머리가 아픈 이유를 물을 항목은 없다. 검진 중에 위암징후가 보인다고 해서 조직 검사를 하니 위염이라고 하기에 열심히 치료 중이고, 먹지 말라는 음식들은 피하려고 한다. 친구와의 관심거리도 거의 건강문제가 되었다. 아픈 게 많아진 나이들이라 이렇게 저렇게 치료를 받고, 어느 병원을 갔었다가 수다의 중심이 되었다.
  그런데 친구가 심한 두통으로 뇌 CT를 찍었는데 혈관이 꽈리를 틀고 있더란다. 그게 터지면 흔히 말하는 중풍을 맞는 거란다. 중풍이라니…. 끔찍했다. 안 그래도 가만히 있어도 머리가 터질 것 같은 스트레스를 받고 있던 즈음이라 친구의 권유대로 뇌 촬영을 했다. 뇌의 단면과 혈관, 경동맥 초음파. 내 머릿속에 무슨 일이 있는지 들여다보았다.

처음 보는 내 머릿속. 별 이상은 없는데 '허혈성 소 혈관'이라고 수많은 작은 혈관들이 막혀서 하얗게 찍혀 있다. 나이 탓일 수도 있고 신경계의 이상일 수도 있다고 뇌신경과 진료를 권한다. 예약을 해놓고 돌아오며 나이 탓이라는 표현에 쓴웃음이 났다. 이제 6학년이 되었는데 골동품 취급이다. 낡아버린 내 몸의 부속들이 고장이 나기 시작하면서 재생을 요구한다. 교체는 안 되니 닦고, 조이고, 기름칠하라는 거겠지.

친구와 늘 다짐하는 말이 '곱게 죽어야지'와 '어디가 고장 나서 불편해진다면 내가 힘든 게 문제가 아니라 가족들을 괴롭히는 일이 되니 그게 제일 큰 문제라 오래 사는 게 목적이 아닌 건강하게 사는 일에 신경을 써야 한다.'였다.

물론 내가 가장 공감하는 부문이다. 살기 급급한 요즘 세상에 노후문제로 자식들에게 부담을 준다면 그 얼마나 괴롭히는 일일까. 내가 부모로 인해 고된 상황들을 겪었으니 나로 인해 아이들이 힘들어진다는 것은 상상하기도 싫은 일이다.

재산은 주지 못하더라도 내 몸은 건강하게 추스르다 가야 할 것 같다.

건강검진 받는 일에 '돈 아끼지 말자'며 다음에는 어디를 검진 해볼까 궁리를 해본다.

친구가 깔깔 웃었다.

"얘, 알뜰하게 산다고 아등바등했는데 그 덕에 우리가 늘 그막 호강이다. 검사는 아무나 하니?"

칼국수

 추억의 음식을 꼽으라면 제일 먼저 떠오르는 게 칼국수다. 초등학교를 다니던 시절에 병을 자주 앓았는데 아프다는 신호는 밥이 먹기 싫다는 증세로 나타났다. 자라는 과정의 성장통이었는지 모르나 고열에 시달렸고, 코피를 매일 쏟았다. 옛 시절의 표현대로라면 시름시름 앓는 꼴이었을 게다.
 어린 아이가 누워서 '안 먹어'를 고집하는 모양새가 얼마나 보기 싫고 딱했을까. 어르고 달래다 지치면 어머니는 "아이고, 나도 모르겠다!" 하면서 포기를 하셨고, 고모들은 주전부리를 이것저것 머리맡에 놓아주었다. 먹성 좋은 오빠가 들락날락 그 주전부리를 다 비우면 할머니가 "국수 해줄까?" 물으셨다.

밀가루 음식을 좋아해서였는지 국수라는 말에 슬며시 식욕이 당겼다. 턱 바치고 앉아 할머니가 반죽을 해서 밀대로 얇게 밀어 돌돌 말아 총총 써시는 모습을 구경하고 있노라면 침이 고였다. 맑은 멸치 육수에 감자를 채 썰어 같이 끓여주시면 탱글탱글한 면발과 감자의 구수한 맛이 식욕을 돋았다. 어느 때는 일주일을 칼국수만 해내라고 해서 끼니때마다 고모들이 반죽을 하느라 부산을 떨었다고 어머니는 가끔 "무슨 애가 칼국수를 그렇게 좋아했는지 모르겠다."고 하신다.

그 영향인지 성장한 후에도 밀가루 음식을 즐겨서 '명동 칼국수라'는 유명 가게에 들르기도 하고, 냄비우동이 유명했던 식당에도 가보았지만 어린 시절에 집에서 먹었던 깔끔한 맛은 만나지를 못했다. 재료를 너무 많이 사용해서 육수의 맛이 탁하기도 하고, 반죽에 무엇을 넣었는지 지나치게 쫄깃한 식감이 미덥지 않았다. 체인으로 유명한 가게에 가보아도 마른 해물을 사용해서 개운하다고 자랑하는데 먹고 나면 속이 더부룩한 게 편치가 않았다. 밀가루 음식이

소화가 안 되는 나이라 그러겠거니 하면서도 요즘 음식에는 알게 모르게 첨가물이 많이 들어가는 게 이유이지 싶다. 위염도 있고 해서 이제는 가급적 분식을 피하는데 몸이 나른하거나 피곤한 일로 심경이 사나울 때는 이상하게 그 옛날 감자로 국물 맛을 더한 칼국수의 맛이 그립다. 할머니의 손맛이 더해진 맑은 장국과 혀에 착착 감기던 면발의 느낌이 살아난다.

혼자서 무료하던 날 갑자기 칼국수가 생각나기에 멸치 육수를 내고 감자를 채 썰어 국수를 끓여냈다. 반죽이 번거로워서 시판하는 칼국수를 사다 넣었는데 희한하게 옛 맛이 우러났다. 우리 집에서는 밀가루가 국물 맛을 탁하게 한다고 따로 한 소금 끓여서 가루가 들어가지 않게 조리했는데, 마침 밖에서 사온 생 국수라 우정 미리 끓여낸 게 깔끔한 맛을 내게 한 것 같다.

아이들에게 라면을 끓여 줄 때 면을 먼저 삶아 내면 첨가물이 빠지는 것처럼 생 국수도 한 번 끓여내면 가루도 씻겨 지고 이름도 모르는 첨가물들이 빠졌을 테니 기분으로 느끼기에 깔끔한 맛이었을까.

이것저것 옛 생각이 시나브로 많아지는 건 추억이라 이름 하는 기억들이 그다지 아름답지 않아서이기도 하고, 후회가 따르는 시큰둥한 감정에 치우쳐 사는 게 싫증이 나서이다. 할머니는 나에게 애틋하지 않았지만 아프다는 신호에 가장 먼저 반응을 하셨고, 잃을까 전전긍긍하셨다. 그러면서도 계집아이라는 푸대접을 서슴지 않았던 분이다. 그분의 인생관에는 아들이 우선이어서 당연한 행동들이었는데 그 편애에 분해하고 반발하던 나는 지금 그분의 칼국수가 그립다.

 배운 대로 행하는 무서운 습관으로 여자를 질시하는 약간의 증세도 가지고 있는 내가 딸이 없는 게 얼마나 다행인지 모르겠다.

 나처럼 일주일 동안 칼국수를 끓여내라고 고집을 부리는 딸이라면 정말 예쁘지 않을 것 같다.

동 심

얼마 전에 송파구 체육대회가 잠실종합운동장(보조운동장)에서 거하게 열렸다.

아침부터 잡혀가(!!) 땡볕에서 응원도 하고 춤도(!!!) 추고, 김밥에 음료수, 간식까지 알뜰하게 챙겨 먹으며 동심으로 돌아가 목이 쉬게 잘 놀았다.

내가 놀았다고 해야 박수 치고 우리 동네 선수들 나가면 소리 지르고 하는 게 다였지만…. 옛날 여고 시절에 응원하던 생각이 절로 났다.

26개동 중에 우리 동네는 14등이란다. '꼴지'가 아니라서 다행이라고 키득거렸다.

응원단의 단체복이나 소품들에서 빈부의 차이가 보이는 쓸쓸한 세상. 돈 많은 어느 동네는 정말 폼이 났다. 유니폼도 세련되고 응원도구는 돈 들인 냄새가 물씬! 그런 동네들이 응원상을 1, 2, 3등으로 나눠가졌다.

뒤풀이 행사라고 가수들이 노래하고 춤추고 재롱잔치를 하다가 무대로 올라와 춤추던 꼬마들에게 댄스시합을 시켰다. 끼가 넘치는 세 녀석이 뽑혀 나란히 섰다.

사회자가 경품으로 나누어주고 남은 자전거가 한 대 뿐이라며 꼬마들에게 "만원을(내빈석에서 2만원을 강탈 해왔다) 가질래? 자전거를 가질래?" 하니까 한 녀석이 손을 번쩍 들며 "만원이요!" 그랬다.

어른들의 웃음이 터졌는데 꼬마는 태연하게 "저는 자전거가 있어요." 해명을 한다.

그래서 그 녀석은 만원을 받아가고 남은 두 녀석이 가위바위 보를 해서 이긴 사람이 자전거를 가져갔다.

처음에는 물정 모르는 아이가 만원이 큰돈이라 욕심을 냈나 생각했는데 자전거 정도는 부모들이 손쉽게 사주니 주전부리 용돈으로 만원을 택했나 싶었다.

요즘 아이들에게 만원은 그리 큰돈이 아닐지도 모른다.

자전거는 대부분 가지고 있고…. 아쉽지 않은 자전거보다 현금이 낫다고 생각했을까?

자전거와 만원을 비교하지 않는 동심. 순수한 거라고 믿어본다.

점 빼러가세

　십여 년 전 박피라는 걸 했었다. 말 그대로 얼굴 껍질을 홀라당 벗겨냈다. 처음에는 눈밑에 앉은 기미가 거슬려 상담차 병원에 들렀는데, 의사는 불문곡직 "박피를 하셔야 합니다." 하고 견적을 내주었다.
　지인이 그 병원에서 대학동창들과 단체로 점을 싼 값에 뺐다고 하기에 쉽게 생각하고 갔는데 비용도 만만치 않았고 박피를 하면 볼 때마다 스트레스를 주던 기미가 확실히 없어질까? 하는 의문도 들었다.
　며칠 고민을 하는데 의외로 남편이 "당신 기미가 심상치 않네. 가서 해 버려!" 하면서 거들었다.

내 깐에는 거금주고 시술을 했고, 한동안 불편했지만 두어 달 지나니 보는 사람마다 건강해 보인다고 했다. 안색이 노란 편이라 아픈 사람 같아 보였고 잡티도 은근히 많아 화장이 자꾸 짙어지는 게 스트레스였는데 일단 안색이 환해져서 스스로가 기분이 좋았다. 정말 돈이 좋구나 싶었다. 비싼 값을 하느라 오랫동안 비타민C 치료니 뭐니 하면서 서비스 마사지를 받는 기분도 쏠쏠했다.
　호강의 여운을 음미하면서 몇 년이 지나자 다시 기미가 슬슬 올라왔다.
　작은 점으로 시작하더니 몇 군데는 터줏대감처럼 들어앉았고, 나이 들수록 피부에는 얼룩덜룩 지저분한 자국이 늘었다. 초라해 보이는 것 같고 화장을 즐기지 않는 편이라 잠시라도 외출을 하려면 색조화장을 해야 하는 게 점점 피곤하게 느껴졌다.
　어느 날, 감기치료를 받고 나오는데 바로 옆집 성형외과에서 '점 + 기미 = 200,000원'이라고 대문짝만 하게 써서 내다 붙인 걸 보았다.
　이십만 원이라고? 오래전에도 몇 배의 비용이 들었는데 정말? 하면서 성형외과로 들어섰다. 접수대에 앉은 아가씨가 상냥하게 "예약하고 가세요." 하고 이런저런 설명을 했다.

예약을 하고 드디어 점을 뺐다. 싼 게 비지떡일까? 예전에는 시술을 할 때 물론 따끔따끔하긴 했지만 참을 만했고, 당일에 세수를 해도, 심지어 사우나를 가도 된다고 했다. 다음 날 세수할 때마다 살살 벗겨져 나오던 각질이 치료효과를 증명했는데, 이번에는 태우는 것과 깎는 것에의 차이였는지 아픈 걸 참느라 온몸이 비틀렸고, 집에 와서는 몸살이 나서 드러누웠다. 바르는 것도 아무것도 없이 멸균밴드를 붙이라고 해서 온 얼굴에 덕지덕지 밴드를 부치니 그 꼴이란….

귀가하던 가족들이 들어오다 기절초풍을 했다.

"무슨 짓을 하고 온 거야?"

"무슨 짓이라니! 점 뺐다고 했잖아."

이틀은 얼굴이 화끈거리고 시술 자리들이 부어올라 내 얼굴이 아니라 만화에 나오는 괴물을 보는 것 같았다. 사흘째가 되니 겨우 부기가 가라앉고 진정이 되어 세심하게 살펴보았다. 눈밑에 있던 점은 분명 사라졌고, 얼룩덜룩 옅게 번지던 기미도 없어진 것 같다. 병원에서는 싼 값에 박리다매를 했는지 마사지는커녕 두어 달 후에 한 번 들르라고 했다. 덜

된 자리를 조금 더해 준다나 뭐라나. 일주일 동안 붙이라는 밴드를 떼고 나면 바깥바람도 쐴 수 있겠지. 고문도 이런 고문이 없다. 나 못지않게 잡티 세상인 남편도 은근히 하고 싶어 하다가 옆에서 벌어지는 이 상황에 기겁을 하고 '함부로 시작할 게 아니네' 하고는 주춤하는 눈치다.

의사 말대로라면 3개월쯤 후에는 피부미인이 될 것이다.

3개월 동안 울긋불긋 얼룩이로 지내는 고행이 끝나면 지기들이 '어머 놀라워라' 할 테니 지금 망설이고 있는 그대여 '그냥 사고치고 말아요. 이것도 자기 위안이랍니다.'